ИЗЪ ДѢТСКИХЪ ЛѢТЪ.

П. В. Засодимскій.

ИЗЪ ДѢТСКИХЪ ЛѢТЪ.

(ВОСПОМИНАНІЯ).

„Тамъ свѣтлыя воды привѣтно текутъ,
Тамъ алыя розы, красуясь, цвѣтутъ...“

„Лалла-Рукъ“, Мура.

I.

Отецъ мой жилъ въ Никольскѣ, Вологодской губерніи. По дѣламъ службы онъ пріѣхалъ съ моей матерью въ Великій Устюгъ. Здѣсь я и родился ночью 1 ноября 1843 года.

Ночь, по разсказамъ отца, была темная и бурная. Въ это время отца не было дома: онъ возвращался изъ уѣзда и поздно вечеромъ пріѣхалъ на берегъ рѣки. За нѣсколько дней передъ тѣмъ стояли сильные морозы, и рѣка Сухона, протекающая подъ городомъ.

покрылась льдомъ, но затѣмъ случилась оттепель, ледъ взломало, и переправа прекратилась. „Если бы ночь была не такая мглистая и дождливая, — говорилъ отецъ, — я могъ бы видѣть освѣщенныя окна нашего дома“. Отецъ уже зналъ, что мать моя были больна, и очень безпокоился о ней.

Онъ сталъ упрашивать лодочниковъ перевезти его въ городъ. Лодочники отказывались. Было совсѣмъ темно, и во мракѣ на всемъ протяженіи рѣки, сколько могъ глазъ охватить, видны были льдины, какъ чудовищные призраки, съ глухимъ шумомъ несшіяся по темнымъ волнамъ и уносившіяся въ далекое Бѣлое море. Наконецъ изъ среды лодочниковъ нашлись смѣльчаки и взялись за 25 рублей перевезти отца. Тутъ началась геройская или, вѣрнѣе сказать, безумно-дерзкая переправа, гдѣ на каждомъ шагу отцу моему и лодочникамъ грозила гибель.

Гдѣ было можно, плыли на веслахъ, а гдѣ весла оказывались безполезными, пускали въ ходъ шесты и отпихивались ими отъ налетавшихъ льдинъ. Приходилось лавировать между льдинами, то возвращаться назадъ, убѣгая отъ вѣрной смерти, то быстро двигаться впередъ, пользуясь открывшимся свободнымъ пространствомъ. Нѣсколько разъ студеныя волны хлестали черезъ бортъ утлой лодки; не одинъ разъ лодку затирало льдомъ.

Разсказывая объ этой переправѣ, отецъ, я помню, со вздохомъ говорилъ: „Жутко мнѣ было... Охъ, жутко!.. Я уже не разъ каялся, что соблазнилъ своими деньгами этихъ бѣдняковъ и повелъ ихъ вмѣстѣ съ собой на смерть!..“ Полтора часа они боролись впотьмахъ съ напиравшими льдинами, съ волнами и вѣтромъ. Ступивъ на берегъ, эти люди скинули шапки и перекрестились, смотря на темное небо (и, я думаю, на тотъ разъ они помолились отъ всего сердца).

Когда отецъ, иззябшій и промокшій до нитки, пришелъ домой около часу ночи, ему объявили, что у него родился сынъ. Родился я...

Четырехъ мѣсяцевъ меня увезли изъ Великаго Устюга въ Никольскъ, гдѣ и прошли первыя девять лѣтъ моей жизни. Никольскъ въ ту пору былъ маленькій, глухой городокъ, затерявшійся посреди лѣсовъ,—однимъ словомъ, такой милый городокъ, до котораго, по словамъ Гоголя, „хоть три года скачи— не доскачешь“. При мнѣ, помню, съ улыбкой говаривали: „Дальше нашего Никольска и почта не ходитъ!“ Слыша такія рѣчи, я тогда представлялъ себѣ, что тамъ, за Никольскомъ, за этими зелеными, дремучими лѣсами былъ уже край свѣта. Я въ ту пору еще не учился географіи и поэтому разсуждалъ такъ: „Если дальше и почта не ходитъ, значитъ, дальше уже ничего нѣтъ,—такъ себѣ что-то, пустое мѣсто, туманъ...“ И мнѣ чрезвычайно хотѣлось заглянуть за эти темные, дремучіе лѣса и посмотрѣть, каковъ край свѣта...

Вотъ что прежде всего я помню: прекрасное, безконечно доброе лицо моей матери въ рамкѣ русыхъ волосъ и ея кроткіе ласковые глаза, темно-голубые, какъ ясное лѣтнее небо. Это — мое первое и самое лучшее воспоминаніе.

Рядомъ съ этимъ милымъ, свѣтлымъ образомъ я помню другое, дорогое для меня добродушное старческое лицо, съ морщинами, съ сѣрыми глазками, съ толстой, немного отвисшей нижней губой и съ неизмѣннымъ темнымъ платкомъ на бѣлокурыхъ, сѣдѣющихъ волосахъ. Это — моя няня, Марья Тарасьевна.

Я помню мою дѣтскую—свѣтелку съ однимъ окномъ и съ лѣстницей внизъ. Изъ окна были видны дворъ, огородъ, часть сада, сараи, далѣе — рѣка, а за рѣкой вѣчно-зеленые еловые и сосновые лѣса. Смотря изъ окна, я часто думалъ: „Что-то скрывается тамъ, вдали, за этими лѣсами? — и мои дѣтскія мечты населяли невѣдомый для меня міръ различными фантастическими образами... И эти хвойныя деревья, сосны и лохматыя ели, бывшія у меня постоянно передъ глазами во дни ранняго дѣтства, ярко запечатлѣлись въ моемъ живомъ дѣтскомъ воображеніи и навсегда остались моими любимыми деревьями. Гдѣ бы я ни увидѣлъ ихъ, я всегда имъ радъ и смотрю на нихъ, какъ на своихъ старыхъ друзей. Самый красивый ландшафтъ безъ сосенъ или безъ елей теряетъ для меня половину своей прелести...

Меня рано укладывали спать, а поэтому я и вставалъ ранымъ-рано. Иногда, выспавшись, я поднимался еще ночью. Помню, бывало, зимой, когда было еще совсѣмъ темно и въ домѣ всѣ спали, я уже лежалъ съ открытыми глазами и ворочался на своей маленькой кровати. Наконецъ соскучившись, я будилъ Тарасьевну и начиналъ заговаривать съ ней. Нянѣ, само собой, очень не нравились эти ночные разговоры.

— И что тебѣ не спится? Полунощникъ! — зѣвая и крестясь, говорила она недовольнымъ тономъ. — Спи, батюшка! Спи, Господь съ тобой!

Но все напрасно... У меня уже ни въ одномъ глазу не было сна, и поэтому я норовилъ продолжить пріятные разговоры.

— Ну, спи же, спи! — кряхтя и охая, уговаривала меня няня. — Теперь всѣ спятъ... только волки не спятъ, бѣгаютъ по лѣсу...

И Тарасьевна сама, противъ моего желанія, давала поводъ къ дальнѣйшему разговору. Волки, бѣгающіе ночью по лѣсу, представляли тогда для меня такую заманчивую картину, что она уже вполнѣ овладѣвала моимъ дѣтскимъ воображеніемъ. Лѣсъ былъ за рѣкой, тутъ же, у меня передъ глазами... Я вскакивалъ съ постели, бѣжалъ къ окну и, забравшись съ ногами на стулъ, принимался смотрѣть въ окно.

Въ ночномъ сумракѣ передо мной смутно рисовались деревья въ инеѣ, крыши сараевъ, покрытыя снѣгомъ, снѣгомъ занесенные плетни, рѣка, бѣлѣвшая подъ снѣжной пеленой, а за рѣкой темной полосой мерещились лѣса. И страшно и пріятно мнѣ было всматриваться въ таинственную глубь этихъ лѣсовъ... Подолгу я смотрѣлъ на лѣсъ,—надѣялся увидать тамъ волковъ, но не видалъ ихъ. Пока нянька тихо дремала, моя дѣтская легкокрылая фантазія живо работала и уносила меня далеко-далеко...

— Няня! Вѣдь у волковъ глаза блестятъ? — спрашивалъ я.

— Блестятъ, батюшка... горятъ какъ свѣчки!—заплетающимся языкомъ отвѣчала няня: она уже знала по горькому опыту, что если прикинется спящей и не отвѣтитъ мнѣ, то я все равно не дамъ ей покою и пристану къ ней со своими волками, „какъ банный листъ“, по ея выраженію.

— И зубами они щелкаютъ... вотъ такъ?—продолжалъ я, щелкая зубами.

— Да, батюшка... и зубами щелкаютъ!

И волки, шмыгающіе по лѣсу, все живѣе и живѣе начинаютъ рисоваться моему воображенію. Припоминаются обрывки чего-то слышаннаго, отрывки сказокъ или полусказочныхъ бывальщинъ, видѣнныя картинки... Нянька, наконецъ, принимаетъ самыя рѣшительныя мѣры къ прекращенію разговоровъ. Ее, бѣдную, сонъ одолѣвалъ, и она уже намѣревалась напугать меня, полагая, что для достиженія цѣли всѣ средства пригодны...

— А ежели какія дѣти не спятъ, такъ волки подбѣгаютъ къ дому... — мрачнымъ зловѣщимъ тономъ начинаетъ няня.

— И уносятъ дѣтей! — довольно равнодушно заканчиваю я уже знакомый мнѣ разсказъ.

— Да! И уносятъ! — съ сердцемъ подтверждаетъ Тарасьевна.

— Ну, къ намъ волкъ не заберется!—со вздохомъ облегченія говорю я. — Двери у насъ заперты, въ прихожей Василій спитъ...

Няня отъ негодованія фыркаетъ себѣ подъ носъ, отворачивается отъ меня и, повернувшись на бокъ, сердито молчитъ. Ея печальный разсказъ „о волкѣ, уносящемъ мальчика“, съ теченіемъ времени пересталъ производить на меня устрашающее впечатлѣніе; я уже не разъ слыхалъ его, но волковъ ни разу и въ глаза не видалъ... Эти ночныя сидѣнья у окна и разговоры

Волки въ лѣсу.

о томъ, что теперь, ночью, происходитъ въ лѣсу, имѣли для меня какую-то особенную прелесть и очарованіе.

Иногда, помню, дѣло кончалось тѣмъ, что я просилъ у няни поѣсть. У нея на этотъ случай всегда былъ гдѣ-то припрятанъ кусочекъ пирога. Я забирался на кровать и ѣлъ, а потомъ, юркнувъ подъ одѣяло, снова мирнымъ сномъ засыпалъ до утра...

Рѣка Югъ, протекавшая передъ окномъ моей дѣтской свѣтелки, была рѣка не особенно широкая, но глубокая и очень быстрая. Весной рѣка оживлялась... На берегахъ ея появлялись склады бревенъ, дровъ; изъ бревенъ составлялись плоты; строились барки, спускались на воду и нагружались хлѣбомъ, льномъ, дровами, бочками дегтя и смолы.

Помню свѣтлый весенній день. Окно дѣтской открыто. Въ комнату врывается свѣжій воздухъ, пропитанный запахомъ сырой земли и первовесенней растительности. Солнце заливаетъ комнату. На дворѣ слышно неумолкаемое чириканье воробьевъ. Въ саду, на вѣтвяхъ березъ, едва опушенныхъ зеленью, грачи съ шумомъ суетятся надъ своими гнѣздами. Съ берега до меня доносится какой-то смутный гулъ — стукъ топора, плескъ воды, говоръ, пѣсни и крики рабочихъ: „Ухъ-ухнемъ! Вотъ идетъ! Вотъ идетъ! Сама по-шла-а-а! Да, ухъ — пошла-а-а!..“

Нагруженныя барки одна за другой отваливаютъ отъ берега и плывутъ внизъ по рѣкѣ. „Куда-то плывутъ эти барки? Далеко плывутъ онѣ...“ задумчиво говорилъ я себѣ, смотря на суда, исчезавшія за лѣсистой излучиной рѣки. Съ осени берегъ опять пустѣлъ до весны...

II.

Помню праздничное, сіяющее утро и веселый звонъ колоколовъ. На дворѣ свѣтло, тепло. Бѣлыя, легкія облачка плывутъ по ясной небесной лазури. Цвѣточные ароматы широкою струей вливаются въ комнату черезъ открытое окно... Мать моя въ бѣлой утренней кофточкѣ сидитъ передъ своимъ зеркаломъ и расчесываетъ волосы. Я — на скамейкѣ у ея ногъ. Я не свожу глазъ съ ея милаго лица и внимательно слѣжу, какъ мама расчесываетъ свои чудесные, шелковистые русые волосы, и какъ ея пальцы начинаютъ проворно заплетать волосы въ косу, и затѣмъ эту длинную, толстую косу укладываетъ она на головѣ, въ видѣ коронки. Я, бывало, сижу, положивъ руку къ ней на колѣни, и все смотрю на нее и любуюсь. Краше ея не было для меня человѣка на свѣтѣ... Убравъ свою голову, она принималась приводить въ порядокъ мои волосы.

— Ахъ, голубчикъ! Какой у тебя вихоръ! Никакъ его не пригладишь! — говорила она, стараясь причесать мои непокорные кудри. — Ты, видно, будешь у меня упрямый... Упрямый будешь, да?

И, причесавъ меня, она обѣими руками брала меня за голову, нѣсколько мгновеній съ любовью смотрѣла мнѣ въ глаза и потомъ такъ крѣпко-крѣпко цѣловала меня.

Я любилъ мою мать какою-то особенною благоговѣйною любовью, какъ потомъ уже никогда никого не любилъ. Не было у меня въ дѣтствѣ такого горя, которое бы не утишилось и не смирилось, когда она обнимала меня и я припадалъ своимъ разгорѣвшимся, заплаканнымъ лицомъ къ ея маленькимъ, нѣжнымъ рукамъ... И мнѣ иногда, въ свою очередь, приходилось видать ее плачущею, приходилось видать слезы на ея рѣсницахъ, — и какъ мнѣ было тогда больно! Конечно, я былъ малъ и часто даже не зналъ, не могъ понять, о чемъ она плачетъ и груститъ, но я былъ бы готовъ въ тѣ минуты всѣмъ пожертвовать, былъ бы готовъ отдать себя на самыя лютыя, жесточайшія мученія, лишь бы только осушить слезы съ ея добрыхъ, кроткихъ глазъ.

Встрѣчалъ я на своемъ вѣку добрыхъ, красивыхъ женщинъ, но мать какъ была, такъ и осталась для меня самой лучшей, самой доброй и прекраснѣйшей изъ женщинъ. Мнѣ и прежде казалось и теперь думается, что чище, прекраснѣе этого образа никогда не создавала самая пылкая, возвышенная мечта поэта... Я помню, всѣ родные и знакомые считали ее красивой и очень-очень доброй. Для меня же она была и осталась красавицей изъ красавицъ и живымъ олицетвореніемъ доброты.

Моя мать была дочерью вологодскаго помѣщика, отставного морского офицера, Павла Михайловича Засѣцкаго. Звали ее Екатериной.

Въ 1824 г. императоръ Александръ Благословенный посѣтилъ Вологду. Вологодскіе граждане по этому случаю дали балъ въ залѣ Дворянскаго собранія. Моя мать (въ то время еще дѣвушка, лѣтъ 18) и старшая сестра ея были на балу. Въ нашей семейной хроникѣ сохранились сказанія объ этомъ событіи.

Мать моя и сестра ея были въ бѣлыхъ креповыхъ платьяхъ, „выписанныхъ изъ Петербурга“; у сестры ея платье было съ пунцовыми цвѣтами, а у матери (какъ у блондинки) — съ розовыми, и у лѣваго плеча ея была приколота алая роза. Представляю я себѣ: какъ дивно хороша она была въ тотъ вечеръ! Нему-

Городъ Вологда.

дрено, если государь обратилъ на нее вниманіе, но онъ танцовалъ польскій не съ нею, а съ сестрой ея, Натальей Павловной Засѣцкой, съ шифромъ кончившей курсъ въ Смольномъ монастырѣ. Тутъ было едва не произошло недоразумѣніе...

Государь, въ силу этикета, танцовалъ лишь съ женой предводителя дворянства, губернатора и город-

ского головы, и, кромѣ того, съ бывшими воспитан-
ницами казенныхъ учебныхъ заведеній — смольнян-
ками и другими институтками. Дворянскій предводи-
тель подводилъ къ государю дамъ для танцевъ. Ста-
рикъ былъ подслѣповатъ и, вѣроятно, принявъ цвѣ-
токъ за шифръ, взялъ мою мать за руку и также
хотѣлъ представить государю, но она поправила его
ошибку, сказавъ, что она не институтка (мать моя
воспитывалась дома).

Императоръ Александръ произвелъ на нее очень
пріятное впечатлѣніе. Я помню, какъ она, разсказы-
вая объ этомъ балѣ, говорила: „По лицу было видно,
что онъ — человѣкъ добрый и великодушный. У него
такая мягкая, обворожительная улыбка... Мы на него
смотрѣли не только, какъ на нашего государя, но
какъ на героя, побѣдившаго Наполеона...“

Свѣтлая личность!—повторяла мать.

Въ нашихъ семейныхъ воспоминаніяхъ личности
Александра I и цесаревича Константина Павловича
всегда были окружены какимъ-то сіяющимъ орео-
ломъ.

III.

Помню жаркій лѣтній день. Съ синяго безоблачнаго
неба солнце жжетъ и палитъ. Вѣтерокъ не подуваетъ.
Птички притихли... Тарасьевна съ чулкомъ въ рукахъ
сидитъ въ тѣни за воротами, на лавочкѣ и не столько
вяжетъ чулокъ, сколько дремлетъ! Рыжій кудластый
Милонка лежитъ у ея ногъ, высунувъ языкъ и

изнывая отъ жары. Я играю на лужайкѣ передъ домомъ.

Вдругъ за мостомъ, на соборной площади, поднимается пыль, и слышится звяканье цѣпей. Арестанты возвращаются съ работъ въ острогъ. Я бѣгу къ матери.

— Мама, мама! „Несчастненькіе“ идутъ... — кричу я и мигомъ возвращаюсь съ деньгами за ворота.

Весь раскраснѣвшійся, запыхавшись, я выхожу на дорогу. Колодники идутъ нестройной толпой въ сопровожденіи нѣсколькихъ вооруженныхъ солдатъ. Бритые, въ сѣрыхъ шапкахъ, въ сѣрыхъ халатахъ, съ цѣпями на ногахъ, уныло тащатся они подъ солнечнымъ зноемъ по опустѣлой, безмолвной улицѣ, поднимая пыль. И въ тихомъ, дремотномъ воздухѣ лѣтняго полудня слышится лишь ихъ тяжелый, мѣрный шагъ и звяканье цѣпей. Худые, блѣдные, глаза впалые... Я подаю имъ деньги. Они протягиваютъ руки, берутъ мѣдныя монетки, мрачно смотрятъ на меня и молча проходятъ мимо.

Я ужъ давно знакомъ съ „несчастненькими“; острогъ (двухъэтажное бѣлое каменное зданіе) — противъ нашего дома, черезъ дорогу. Я часто вижу изъ-за желѣзныхъ оконныхъ рѣшетокъ ихъ блѣдныя, сумрачныя лица. Я слыхалъ объ этихъ людяхъ страшныя исторіи, но эти исторіи не запугали меня, можетъ-быть, потому, что я часто вблизи видалъ острожниковъ и не находилъ въ нихъ ничего ужаснаго: люди— какъ и всѣ люди, только иначе одѣтые, сидящіе взаперти, въ цѣпяхъ и именно „несчастные“, какъ зоветъ ихъ нашъ народъ. Мнѣ было очень жаль ихъ, и по поводу ихъ у меня однажды съ няней вышелъ довольно оживленный разговоръ.

— Знаешь что, няня?— заговорилъ я, сидя съ ней на лавочкѣ за воротами и смотря на блѣдныя лица, мелькавшія въ окнахъ тюрьмы. — Я, когда выросту большой, всѣхъ ихъ выпущу!

— Это кого же, батюшка?—равнодушно переспросила Тарасьевна, углубившись въ свое вязанье и не зная, о комъ шла рѣчь.

— А вотъ „несчастненькихъ"!—пояснилъ я, указавъ рукой на рѣшетчатыя окна, темнѣвшія противъ насъ.

— Что ты, что ты, Господь съ тобой!—заворчала няня.—Да развѣ можно пущать на волю арестантовъ! Да кто же тебѣ позволитъ, баловнику!

Послѣдній доводъ поколебалъ было мою рѣшимость; на мгновенье я опѣшилъ.

— А вотъ что, няня! — спохватился я. — Я буду сильный, сильный... рѣшетки выломаю и выпущу всѣхъ!

— А тебя солдатъ застрѣлитъ! — допекала меня няня.

— А я... я самъ его застрѣлю! — чуть не со слезами говорилъ я, чувствуя, что дѣло мое плохо и освобожденіе узниковъ не выгораетъ.

— Солдата-то застрѣлишь?— Охо-хо-хо! — насмѣшливо покачивая головой, сказала няня.— Ну, нѣтъ, батюшка! Солдатъ всякаго застрѣлитъ... Съ нимъ ничего не подѣлаешь, съ солдатомъ-то!..

Нянька говорила такимъ внушительнымъ, увѣреннымъ тономъ, что солдатъ, расхаживавшій у острога

съ ружьемъ на плечѣ, въ моемъ дѣтскомъ воображеніи принималъ видъ какого-то всемогущаго сказочнаго чудовища. Но тутъ, какъ я самъ замѣчалъ, выходила какая-то путаница. Няня изображала солдата какимъто непреоборимымъ страшилищемъ, а я, между тѣмъ, видѣлъ, какъ тѣ же самые солдаты вытягивались въ струнку передъ моимъ отцомъ, а въ Новый годъ являлись къ намъ на дворъ съ поздравленіемъ и подъ окнами залы усердно били въ барабанъ. За это имъ высылали съ Васильемъ денегъ. Оказывалось, что Тарасьевна какъ будто бы ошибалась... Солдатъ, какъ и чортъ, оказывался вовсе не такъ страшенъ, какъ его малюютъ.

Рядомъ съ тюрьмой стояла старая, развѣсистая черемуха. Однажды лѣтомъ, въ какой-то праздникъ, когда ягоды уже поспѣли, это почтенное дерево было отдано уличнымъ мальчишкамъ на разграбленіе. Въ сильное волненіе пришло все малолѣтнее населеніе нашего городка. Толпа мальчишекъ собралась передъ тюрьмой и стала брать приступомъ черемуху. Крики, шумъ, гамъ... настоящій праздникъ. Мальчишки взбирались на дерево и, ловко цѣпляясь руками и ногами за сучья, лазали по вѣтвямъ и, покачиваясь на нихъ, выглядывали изъ-за листьевъ, показывая публикѣ, собравшейся передъ деревомъ, свои веселыя, смѣющіяся лица... Точь въ точь мартышки! Недоставало имъ только длинныхъ, цѣпкихъ хвостовъ.

Мальчишки обрывали вѣточки съ ягодами и бросали ихъ на землю, и вскорѣ подъ деревомъ оказался громадный ворохъ ягодъ. И я ѣлъ эти ягоды, и онѣ тогда мнѣ показались очень вкусны... Въ темнѣвшихъ окнахъ тюрьмы были видны блѣдныя лица, припавшія къ желѣзнымъ рѣшеткамъ. Мнѣ думалось, что острожники завидовали мальчишкамъ и имъ тоже хотѣлось отвѣдать ягодокъ.

Помню, какая-то дѣвочка, вѣроятно, съ жалостливой душой, набравъ полонъ подолъ ягодъ, взяла горсть вѣточекъ и бросила ихъ острожникамъ въ окно. Часовой погрозилъ ей ружьемъ...

IV.

Въ уѣздныхъ городахъ въ то время солдаты, состоявшіе на службѣ, назывались инвалидной командой (горожане запросто звали ихъ „инвалидными крысами"), и подчинялась эта команда инвалидному начальнику. Въ ту пору у насъ, въ Никольскѣ, инвалиднымъ начальникомъ былъ Шипуновъ, офицеръ средняго роста, довольно полный, съ черными длинными усищами.

Однажды на святкахъ въ домѣ нашего инвалиднаго начальника солдаты давали театральное представленіе. Я съ матерью и съ отцомъ былъ въ числѣ почетныхъ гостей и сидѣлъ въ первомъ ряду стульевъ (и всѣхъ-то рядовъ, кажется, было два или три, и половина публики помѣщалась стоя). До той поры я понятія не имѣлъ о спектакляхъ, и поэтому теперь въ ожиданіи начала представленія я не зналъ покоя: лихорадочная дрожь пробѣгала по мнѣ, и сердце сильно билось...

Помню, дѣло началось съ того, что по залѣ передо мной долго расхаживалъ, размахивая руками, какой-то человѣкъ въ довольно странной одеждѣ: въ плохонькой коронѣ, въ какой-то длинной красной хламидѣ съ бѣлой опушкой и въ смазныхъ сапогахъ. Какъ вскорѣ оказалось, это былъ не кто иной, какъ *нечестивый императоръ Максимиліанъ*. Изъ дальнѣйшаго хода дѣлъ выяснилось, что этотъ господинъ былъ яростный гонитель христіанъ, и до очевидности было ясно, что онъ—ужасно злой, потому что, ходя по залѣ, онъ поминутно трясъ головой и сердито размахивалъ руками. У этого злого царя былъ *сынъ Адольфъ*, прекрасный, милый молодой человѣкъ, добрый и кроткій, повидимому, страдавшій насморкомъ, фыркавшій поминутно и украдкой отъ зрителей проводившій подъ носомъ рукой.

И вдругъ Адольфъ, этотъ милый юноша, несмотря на страшныя отцовскія угрозы, принялъ христіанство. Отецъ узналъ объ его поступкѣ и, понятно, сталъ звѣрь-звѣремъ. Сидитъ на тронѣ, кричитъ благимъ матомъ, кричитъ, реветъ, ну, просто, землю деретъ,—да вдругъ какъ рявкнетъ на всю залу: „Приведите,—говоритъ,—ко мнѣ моего непокорнаго сына Адольфа!“ Я такъ и обмеръ... Передъ тѣмъ я посмѣивался надъ его яростью, а тутъ, вижу, и не въ шутку дѣла стали принимать весьма неблагопріятный оборотъ... Какіе-то архаровцы съ дрекольемъ и въ остроконечныхъ шапкахъ притащили несчастнаго „сына Адольфа“. Ахъ, какъ я боялся за него въ тѣ минуты! А онъ стоитъ, бѣдняга... на рукахъ и на ногахъ цѣпи гремятъ, а архаровцы его тискаютъ и толкаютъ то въ ту, то въ другую сторону. А онъ все терпитъ, болтается между этими архаровцами, но не сдается, не покоряется, голову держитъ высоко, да только фыркаетъ (должно-быть, насморкъ сильно донималъ его!). Тутъ отецъ напустился на него. „Какъ ты, — говоритъ, — могъ противъ моей воли итти, непокорный сынъ Адольфъ?" А Адольфъ тихонько что-то сказалъ ему, утеръ носъ, и вдругъ всѣ цѣпи съ него спали, а царь „охъ-охъ!" и мертвый повалился съ трона, а его картонная корона, украшенная сусальнымъ золотомъ и блестками, покатилась къ моимъ ногамъ. Я отъ всего сердца порадовался за непокорнаго, но тѣмъ не менѣе добродѣтельнаго сына Адольфа...

Послѣ того солдаты (зачѣмъ-то, не знаю) схватили ружья и начали стрѣлять въ потолокъ холостыми зарядами и трижды прокричали „ура!" Можетъ-быть, и солдаты были рады тому, что Адольфъ такъ счастливо отдѣлался отъ угрожавшей ему серьезной опасности... Въ комнатѣ, помню, сильно припахивало сѣрой и сапогами, смазанными ворванью. Въ заключеніе спектакля солдаты сѣли на полъ среди комнаты, скрестивъ ноги, и, покачиваясь изъ стороны въ сторону и въ тактъ хлопая въ ладони, запѣли:

> „Внизъ по матушкѣ по Волгѣ,
> По широкому раздолью..."

Все это было очень мило и забавно, и публика осталась вполнѣ довольна представленіемъ...

Помню еще одинъ морозный зимній вечеръ. Днемъ по обѣимъ сторонамъ солнца были видны багровые столбы. Къ вечеру морозъ сталъ крѣпчать. Стѣны нашего дома потрескивали. Меня, противъ обыкновенія, не уложили спать въ 9 часовъ.

Около десяти часовъ (можетъ-быть, и позже) мать подвела меня къ окну, поставила на стулъ и, указывая на мѣсяцъ, высоко стоявшій въ небѣ, сказала мнѣ:

— Смотри, голубчикъ, туда!

И я, закинувъ голову, внимательно посмотрѣлъ вверхъ... Полная, блѣдная луна спокойно сіяла съ темно-голубыхъ небесъ, усѣянныхъ звѣздами. А на землѣ, какъ я замѣтилъ, были тревога и волненье. На соборной площади, за мостомъ, и на улицѣ, передъ окнами нашего дома, толпился народъ. Всѣ смотрѣли на небо, указывая рукой на мѣсяцъ, о чемъ-то переговаривались. Тарасьевна, стоявшая за моимъ стуломъ, вздыхая приговаривала:

— О, Господи, спаси и помилуй!

Всеобщее волненіе сообщилось и мнѣ.

— Мама! Что же такое будетъ? — спросилъ я съ тревогой, оборачиваясь къ ней.

— Смотри! Смотри! Вотъ сейчасъ мѣсяцъ затмится, и сдѣлается темно на землѣ! — говорила мнѣ мать. — Смотри! Вотъ ужъ начинается...

Въ это время луна, такая свѣтлая, блестящая, вдругъ стала заволакиваться чѣмъ-то темнымъ... Моей дѣтской фантазіи тогда казалось, что какъ будто какое-то черное косматое чудовище наваливалось на луну и все болѣе и болѣе закрывало ее собой. Наконецъ луна совсѣмъ скрылась, и только одинъ край ея свѣтился какимъ-то страннымъ желтоватымъ блескомъ. На землѣ стало замѣтно темнѣе. А Тарасьевна чаще и громче прежняго начала вздыхать и нашоптывать у меня надъ ухомъ:

— О, Господи! Спаси и помилуй насъ, грѣшныхъ!

Мнѣ стало страшно: страхъ заразителенъ, — особенно страхъ передъ такимъ невѣдомымъ небеснымъ явле-

ніемъ. Я схватилъ мать за руку... Хотя мнѣ и было жутко, но я не отходилъ отъ окна. „Чего жъ мнѣ бояться, когда со мной мама!..“

Люди, стоявшіе передъ нашими окнами, испуганно смотрѣли на потемнѣвшее небо, какъ будто бы надѣялись взглядомъ проникнуть въ глубь небесъ и узнать о происходящемъ во мракѣ этихъ безконечныхъ, таинственныхъ пространствъ.

Прошелъ часъ (можетъ-быть, и меньше), — луна снова появилась на небѣ. Народъ разошелся... На опустѣлой площади только высилось бѣлое зданіе собора, снова залитое серебристымъ луннымъ свѣтомъ...

Няня увела меня спать.

V.

Послѣ матери и няньки въ моихъ раннихъ дѣтскихъ воспоминаніяхъ самымъ близкимъ лицомъ является отецъ. Онъ былъ довольно красивый мужчина, высокаго роста, съ большимъ открытымъ лбомъ, съ тщательно всегда приглаженными усами и съ волосами, зачесанными на вискахъ по направленію ко лбу — по модѣ николаевскаго времени. Онъ былъ здоровый, сильный человѣкъ, ходилъ, высоко поднявъ голову, держался прямо, говорилъ властно, при случаѣ умѣлъ казаться грознымъ, въ дамскомъ обществѣ былъ всегда утонченно вѣжливъ и любезенъ.

Я вѣрю, что онъ любилъ мою мать такъ же, какъ и меня, но „по-своему“, молча, сдержанно: онъ не умѣлъ выражать свою любовь ласками и нѣжными словами. Онъ не былъ ко мнѣ суровъ, никогда не на-

казывалъ меня, но былъ какъ-то холоденъ, часто не-
доволенъ, брюзгливъ, ворчалъ на меня, и поэтому
при немъ я всегда чувствовалъ себя какъ-то неловко,
стѣснялся, постоянно ожидая какихъ-нибудь замѣча-
ній или выговора. Мать, обыкновенно, служила посред-
ницей между мной и отцомъ: понадобится ли мнѣ бу-
мага, карандашъ, какая-нибудь книга, — за всѣмъ я
обращался къ матери.

— Отчего же ты самъ не попросишь у него? —
спроситъ она, бывало, иной разъ.

А я молчу и только съ умоляющимъ видомъ по-
сматриваю на нее; и кончалось тѣмъ, что она доста-
вала у отца все, что мнѣ было нужно... Отцовскій ка-
бинетъ съ его большимъ письменнымъ столомъ, уста-
вленнымъ всякими статуэтками и замысловатыми прессъ-
папье, съ громаднымъ книжнымъ шкапомъ орѣховаго
дерева съ наполовину стеклянными дверцами пред-
ставлялся для меня какимъ-то заманчивымъ и въ то
же время страшнымъ, таинственнымъ святилищемъ,
куда я проникалъ счетомъ лишь нѣсколько разъ въ
годъ — и то почти всегда не иначе, какъ съ
матерью.

Не только за меня мать служила предстательницей
у отца, но и всѣ, кому нужно было попросить о чемъ-
нибудь отца, разжалобить его, заступиться за кого-
нибудь передъ нимъ, обращались къ моей матери, и
она, по своей ангельской добротѣ, не умѣла никому
отказывать, хотя бы проситель былъ самый послѣдній
изъ людей. Своей спокойной, ровной, рѣшительной
поступью шла она въ кабинетъ и ни разу, кажется,
не возвращалась безъ успѣха.

— Мы должны чувствовать себя счастливыми, когда можемъ сдѣлать добро другимъ или простить зло, причиненное намъ... — такъ говорила она.

Впослѣдствіи, когда я уже кое-чему поучился и познакомился съ исторіей, она напоминала мнѣ вѣрующихъ первыхъ временъ христіанства, тѣхъ временъ, когда послѣдователи распятаго Христа принимали за Его ученіе гоненія и муки. Родись моя мать въ то время, и она, вѣроятно, была бы горячей проповѣдницей братской любви и милосердія и сдѣлалась бы мученицей, — бросили бы ее на съѣденіе хищнымъ звѣрямъ на аренѣ какого-нибудь цирка, или палачъ докрасна раскаленными клещами истерзалъ бы ее на потѣху издыхавшаго языческаго міра...

Въ спорахъ и столкновеніяхъ съ матерью, что, впрочемъ, случалось очень рѣдко, отецъ, обыкновенно, стушевывался, смирялся подъ ея яснымъ, чистымъ взглядомъ и дѣлался кротокъ, какъ ягненокъ. Она никогда не возвышала голоса, но говорила тихо, спокойнымъ, рѣшительнымъ тономъ. Отецъ порой волновался, бунтовалъ, бурлилъ, слышались отрывочные возгласы: „Да ужъ съ тобой не сговоришь!.. Гдѣ жъ сговорить съ тобой!.." И дѣло кончалось тѣмъ, что отецъ ворчалъ что-то себѣ подъ носъ и, насупившись, удалялся въ свое логово — въ кабинетъ. Я удивлялся той власти, тому, поистинѣ, желѣзному вліянію, какое имѣла моя мать — это маленькое, нѣжное, хрупкое созданіе — надъ такимъ сильнымъ, мощнымъ человѣкомъ, какимъ всегда казался мнѣ и какимъ въ дѣйствительности былъ отецъ. Уже гораздо позже я понялъ, что въ моей матери была большая нравственная сила и эта сила покоряла — въ лицѣ моего отца — мощь физическую.

Если бы я жилъ одинъ съ отцомъ, то, можетъ-быть, и побаивался бы его безпокойнаго, ворчливаго нрава, но, живя съ матерью, я чувствовалъ себя въ безопасности; я не только не боялся отца, но даже любилъ его, хотя не въ такой мѣрѣ и не такъ, какъ мать.

Благотворное вліяніе матери на всемъ сказывалось у насъ въ домѣ. Не было у насъ, напримѣръ, ни шуму, ни крику, ни битья, ни колотушекъ и вообще никакихъ притѣсненій прислуги. Атмосфера благостнаго спокойствія и мира царствовала въ нашемъ домѣ, и ворчанье отца не могло нарушить ея. Каждый бѣднякъ, нуждавшійся въ деньгахъ или въ кускѣ хлѣба, каждый несчастный, искавшій совѣта или утѣшенія, всякій больной, убогій, странникъ — находили доступъ къ намъ въ домъ.

И даже гораздо позже — уже послѣ смерти матери — ея вліяніе сказывалось въ нашемъ семействѣ, словно бы она невидимо была еще съ нами. Это потому, что, какъ сказалъ одинъ поэтъ,

„Не всякій живъ, кто дышитъ,
Но и не всякій мертвъ въ гробу“.

Вліяніе добраго, честнаго человѣка сказывается и послѣ того, какъ онъ сойдетъ въ могилу, и въ то время, какъ тѣло его тлѣетъ въ землѣ, его свѣтлыя чувства и мысли продолжаютъ жить въ мірѣ, находя себѣ откликъ въ каждой доброй душѣ...

VI.

Изъ числа странныхъ личностей, посѣщавшихъ нашъ домъ, я особенно хорошо помню Илюшу. Это былъ мужчина среднихъ лѣтъ, небольшого роста, худой, костлявый, какъ скелетъ, съ желтымъ измозжденнымъ лицомъ, съ темными низко остриженными волосами и съ темными бойкими и проницательными глазками, сверкавшими, какъ угольки, изъ-подъ черныхъ густыхъ бровей. Лобъ у него былъ узкій, и, вѣроятно, въ головѣ у него было очень немного мыслей, но этихъ „немногихъ" мыслей онъ держался горячо и упорно. Съ виду это было кроткое, незлобивое существо, но онъ былъ страшно упрямъ и настойчивъ, былъ жестокъ къ себѣ, могъ быть жестокимъ и къ другимъ — во имя спасенія людей отъ грѣха. Когда я припоминаю его, мнѣ думается, что въ среднie вѣка онъ, пожалуй, сталъ бы сжигать людей на кострахъ за то, что они думаютъ не такъ, какъ онъ, и не хотятъ по его указанію спасать своихъ душъ. А, можетъ-быть, и то, что его самого сожгли бы на кострѣ, какъ еретика, и онъ, задыхаясь въ пламени, громко славословилъ бы Бога...

Зиму и лѣто онъ ходилъ въ черной кожаной одеждѣ, подпоясанной кожанымъ ремнемъ. При его появленіи у насъ въ комнатахъ всегда пахло кожей.

Илюша, сколько мнѣ помнится, родомъ былъ крестьянинъ Устюжскаго уѣзда и въ теченіе многихъ-многихъ лѣтъ только и дѣлалъ, что постоянно ходилъ изъ мѣста въ мѣсто по нашему Сѣверному краю, собирая пожертвованія на постройку церкви у себя на

родинѣ, въ какомъ-то глухомъ лѣсномъ уголкѣ. Бо-
лѣе худого, тѣлесно изнуреннаго человѣка я никогда
не видалъ. Только въ темныхъ глазахъ его горѣлъ
огонь. Илюша вовсе не думалъ о себѣ и о житейскихъ
удобствахъ... Вся сила души его ушла на то дѣло,
которое онъ считалъ праведнымъ и великимъ дѣломъ.
Онъ, какъ дядюшка Власъ въ стихотвореніи Некра-
сова, ходилъ и въ зимушку студеную, ходилъ и въ
лѣтніе жары

> „Вызывая Русь крещеную
> На посильные дары“,

ходилъ по городамъ, по селамъ, по деревнямъ, по
большимъ дорогамъ, по проселкамъ, переходилъ бо-
лота и лѣсныя трущобы — одинъ-одинешенекъ, опи-
раясь на свой деревянный посохъ. Этотъ посохъ,
сухой и легкій, отъ долгаго употребленія сдѣлался
такъ гладокъ и блестящъ, какъ будто былъ полиро-
ванный.

Движенія Илюши были порывисты, ему какъ будто
не сидѣлось на мѣстѣ, говорилъ онъ быстро, и въ
рѣчи его часто слышалось скороговоркой: „Ну, вотъ
и слава Богу и слава Богу!“

Онъ бывалъ у насъ разъ или два въ годъ. Его,
обыкновенно, поили чаемъ, угощали и покоили, какъ
дорогого гостя. Онъ разсказывалъ о своихъ странство-
ваніяхъ, о разныхъ путевыхъ приключеніяхъ, о томъ,
много ли насбиралъ денегъ и много ли еще нехва-
таетъ. Даже отецъ мой, вообще не долюбливавшій
странниковъ и странницъ, благоволилъ къ Илюшѣ и,
бывало, съ улыбкой спрашивалъ его:

— Ну, что? Выстроилъ свою церковь?

А Илюша скороговоркой, тоже съ улыбкой, отвѣчалъ ему:

— Нѣтъ еще, батюшки! Не сподобилъ Богъ. Нѣтъ еще... Бѣгаю, бѣгаю!

— Ну, ну, бѣгай! — говорилъ отецъ.

Я любилъ слушать его разсказы о дальнихъ странствованіяхъ и, обыкновенно, все время не отходилъ отъ него. Илюша иногда, разговаривая, клалъ мнѣ руку на плечо, а иногда какъ-то нервно, порывисто гладилъ меня по головѣ, приговаривая: „Умница, умница!..“

Помню, также изрѣдка являлся къ намъ въ домъ одинъ несчастный нѣмой — крестьянинъ, кажется, нашего Никольскаго уѣзда. Онъ былъ еще человѣкъ нестарый, высокаго роста, блондинъ, съ бѣлыми льняными волосами и съ крупными чертами лица.

Судьба его была очень печальна. Однажды, уже давно, когда онъ ѣхалъ куда-то съ деньгами, братья напали на него въ лѣсу и ограбили, а для того, чтобы онъ не донесъ на нихъ, отрѣзали ему языкъ. Онъ могъ только жалобно мычать и объяснялся знаками. Въ его широко раскрытыхъ сѣрыхъ глазахъ застылъ испугъ, а на лицѣ выражались слѣды душевныхъ страданій. Когда въ первый разъ мнѣ разсказывали ужасную исторію о томъ, какъ родные братья жестоко изувѣчили его изъ-за какихъ-то рублей, я, помню, горько плакалъ. Этотъ несчастный нѣмой дня по два и по три живалъ у насъ...

Въ большіе праздники, а также въ дни именинъ кого-нибудь изъ моихъ семьянъ, въ залѣ у насъ появлялся нѣкто Васильевъ, одинъ изъ ссыльныхъ, проживавшихъ въ Никольскѣ. Онъ сильно попивалъ, но въ этихъ экстренныхъ случаяхъ, о какихъ я теперь говорю, онъ являлся трезвымъ, одѣтымъ въ потертое, но старательно вычищенное черное платье и съ широкимъ чернымъ шелковымъ галстукомъ на шеѣ. Его темные съ просѣдью, блестящіе волосы были гладко причесаны, густые черные усы свѣшивались книзу. Его желтовато-блѣдное, одутловатое лицо, съ сизымъ кончикомъ носа и съ покраснѣвшими вѣками, по своей неподвижности походило на маску.

Обыкновенно, сдѣлавъ по залѣ нѣсколько шаговъ, онъ важно расшаркивался—какъ-то по-военному, постукивая каблукомъ о каблукъ, какъ будто бы сапоги его были со шпорами. Затѣмъ онъ торжественно вынималъ изъ боковаго кармана бумагу, медлительно развертывалъ ее и, откашлявшись, принимался читать стихотвореніе своего собственнаго сочиненія (чаще всего акростихъ). Эти стихи нашего пьяненькаго, несчастнаго Васильева, право, были ничуть не хуже тѣхъ, какіе пишутся нынѣшними поэтами въ трезвомъ видѣ и печатаются въ нашихъ журналахъ и газетахъ. А Васильевъ, бѣдняга, конечно, даже и не мечталъ видѣть въ печати свои стихотворенія...

Дочитавъ стихотвореніе, онъ съ поклономъ вручалъ его, кому слѣдовало, по принадлежности. Ему предлагали вина, закуски и, само собой, давали денегъ. По уходѣ его, мать, съ сожалѣніемъ покачивая головой, говорила:

— Вотъ и неглупый, способный человѣкъ и добрый... а пропадаетъ!

Матушка моя жалѣла всѣхъ безъ изъятія, кто былъ несчастливъ... Вотъ отличительная черта ея характера.

Въ самомъ отъявленномъ злодѣѣ и разбойникѣ, я увѣренъ, она сумѣла бы найти искру добра...

Въ числѣ ссыльныхъ былъ у насъ еще одинъ — Ѳедоровскій, человѣкъ, какъ говорили, довольно образованный, изъ хорошаго семейства, сосланный въ Никольскъ за свое безобразное поведеніе. Во всю мою жизнь я никого такъ не боялся, какъ этого Ѳедоровскаго. Достаточно было сказать: «Ѳедоровскій идетъ!» для того, чтобы я моментально убѣжалъ со двора домой.

Безъ шапки, растрепанный, въ грязныхъ лохмотьяхъ, вѣчно пьяный, шатался онъ по улицамъ съ дикими криками и бранью, наводя ужасъ на мирныхъ жителей Никольскаго. Онъ мнѣ представлялся какимъ-то хищнымъ звѣремъ: бросится на человѣка и загрызетъ. Его дикіе крики, рычанья и страшныя ругательства порой даже тревожили мой сонъ по ночамъ. Ужасно подумать: какъ низко можетъ пасть человѣкъ!.. Вотъ съ тѣхъ-то поръ я и почувствовалъ непреодолимое отвращеніе къ пьяному человѣку, и когда при мнѣ называли кого-нибудь пьяницей, то мнѣ этотъ человѣкъ представлялся не иначе, какъ въ образѣ растрепаннаго, полуодѣтаго Ѳедоровскаго, съ рычаньемъ и ругательствами шатающагося по улицамъ — на страхъ дѣтямъ, на срамъ и на потѣху взрослымъ...

VII.

Помню также появленіе у насъ въ домѣ — въ зимнюю пору — коробейниковъ. У насъ ихъ звали разносчиками. Разносчикъ былъ всегда желанный гость, и приходъ его былъ для меня великимъ праздникомъ — днемъ сильныхъ душевныхъ волненій и тревогъ. Коробъ вносился въ залу, и товары раскладывались на большомъ круглом столѣ. По комнатѣ распространялся пріятный запахъ курительныхъ бумажекъ, благовоннаго мыла, духовъ.

Мать, няня моя, Тарасьевна, кое-кто изъ женской прислуги занимались разсматриваньемъ матерій, кружевъ, лентъ, платковъ, тесемокъ, пуговицъ, наперстковъ и т. п. предметовъ. Отецъ интересовался галантерейными вещами — перстнями, табакерками, серьгами кольцами... А я, не помня себя отъ восторга, разглядывалъ книги и картины. Тутъ были картины и черныя (гравюры) и раскрашенныя, книжки съ картинками, въ богатыхъ переплетахъ съ рисунками и безъ переплетовъ.

Разносчикъ вынималъ изъ своего короба такую массу всякихъ занимательныхъ предметовъ, что его лубяной коробъ начиналъ мнѣ казаться какимъ-то неистощимымъ, сказочнымъ вмѣстилищемъ. И, смотря на разносчика, осторожно вынимавшаго аккуратно уложенныя книги и картины, я съ тайной завистью думалъ: «Какъ долженъ быть счастливъ этотъ человѣкъ, обладающій такими сокровищами! И есть ли на свѣтѣ, — думалъ я, — такой богачъ, который могъ бы скупить всѣ эти прелести?» Въ то время мнѣ казалось трудно представить, чтобы нашелся въ мірѣ такой богачъ...

Положеніе мое становилось безвыходнымъ и почти мучительнымъ, когда отецъ или мать предлагали мнѣ, наконецъ, выбрать три-четыре книги и нѣсколько картинъ.

Тутъ глаза мои окончательно разбѣгались, и на меня нападала какая-то оторопь. «Выбрать!» легко сказать... А какъ тутъ выберешь! И та книга хороша, и другая хороша, а вонъ тѣ, кажется, еще занимательнѣе... Въ той — описаніе путешествія въ дикія страны, въ той — разсказы о звѣряхъ и раскрашенныя картинки, въ этой — «Сказки у камина доброй бабушки», и тоже съ рисунками... А картины! Картины рѣшительно были всѣ хороши. Тамъ по глухой лѣсной дорогѣ стая волковъ гонится за проѣзжающими, тамъ корабль тонетъ въ бурныхъ морскихъ волнахъ, тамъ посреди кавказскихъ горъ генералъ Ермоловъ разбиваетъ черкесовъ, тутъ мчится лихая тройка и за ней летитъ пыль столбомъ, тутъ охотники гонятся за оленемъ, тамъ арабы охотятся на львовъ... Ахъ, Боже мой! Какъ мнѣ трудно было выбирать!

По уходѣ разносчика, любуясь на свои покупки, я долго еще вспоминалъ о томъ, что осталось въ коробѣ, и чрезъ нѣсколько дней мнѣ иногда начинало казаться, что я выбралъ изъ книгъ и изъ картинъ далеко не лучшее... Да! много волненій и тревогъ было пережито въ тѣ дни...

Чтеніе и рисованіе очень рано сдѣлались моими любимыми занятіями. Мать научила меня читать и писать, а потомъ, когда мнѣ было уже 6 лѣтъ, переѣхала къ намъ на житье тетка, Н. П. Засѣцкая, та самая, съ которой танцовалъ «польскій» императоръ Александръ Благословенный. Она поселилась наверху, рядомъ съ моей дѣтской, въ двухъ комнатахъ, изъ которыхъ одна служила классной. Тутъ ужъ пошло ученье не въ шутку. Стѣны классной увѣшались ландкартами. Стали меня учить и географіи, и математикѣ, и немного естественной исторіи и языкамъ. Въ 8 лѣтъ я уже порядочно зналъ, кромѣ родного языка, французскій и нѣмецкій.

Для того, чтобы пріохотить меня къ изученію языка, тетка брала какую-то французскую книгу въ сѣромъ кожаномъ переплетѣ съ очень интересными повѣстями и начинала мнѣ переводить какой-нибудь занимательный разсказъ. Переводила она прекрасно, какъ будто прямо читала по-русски. Дойдя до половины разсказа и остановившись на самомъ интересномъ мѣстѣ, тетка откладывала книгу въ сторону и говорила:

— Ну, дальше я читать не стану. Хочешь, такъ читай самъ! Вотъ тебѣ словарь!..

И я поневолѣ уже самъ съ помощью словаря дочитывалъ повѣсть.

Тетка въ то время была женщиной среднихъ лѣтъ, довольно высокаго роста, худощавая, съ желтовато-смуглымъ лицомъ, съ темными глазами и съ черными смоляными волосами. Съ виду она была строга и сурова, но въ душѣ — очень добрая. Она жила у насъ года три и послѣ того уѣхала въ Вологду. Она на всю жизнь осталась дѣвицей, подъ старость ушла въ Горицкій монастырь (Новгородской губерніи), постриглась въ монахини и умерла тамъ нѣсколько лѣтъ тому назадъ.

И тетка, какъ и всѣ окружавшіе, любила меня. Дѣтство мое было свѣтло и счастливо. Тамъ все — яркій солнечный свѣтъ или тихое сіяніе луны, ясное небо, цвѣты, улыбки и ласки нѣжныя... И теперь, забѣгая въ прошлое воспоминаньемъ, я спрашиваю себя: «И за что всё такъ любили меня? За что былъ я такъ счастливъ?..»

Вскорѣ послѣ отъѣзда тетки, когда мнѣ минуло 9 лѣтъ, въ нашей семейной жизни произошли большія перемѣны. Отецъ мой оставилъ службу и съ матерью, со всѣми чадами и домочадцами, со всѣмъ скарбомъ переселился изъ Никольска въ усадьбу.

Тутъ обрываются свѣтлыя, солнечныя воспоминанія изъ моего ранняго дѣтства...

ИЗЪ ДАЛЕКАГО ПРОШЛАГО.

„Дайте мнѣ оглянуться на прошедшее; оно
когда-то струилось рѣкой, а теперь отъ этой
рѣки осталось только высохшее русло, да и
то заросло травой. Дайте мнѣ посмотрѣть:
не найду ли я въ этомъ руслѣ давнишнихъ
слѣдовъ...“

Ч. Диккенсъ.

I.

Помню *Азбуку*, тоненькую книгу въ голубой об-
ложкѣ. Помню крупныя черныя буквы и подъ ними
рисунки; подъ буквой Д, напримѣръ, былъ изобра-
женъ *дровосѣкъ*, работающій въ лѣсу; подъ буквой
С — *серп*, подъ У — *удочка* и т. д. За азбукой шли
склады: *бла, бле, бли* и т. д. За складами слѣдовали
молитвы. *Отче нашъ, Богородице* и др. Затѣмъ шли
отрывки изъ русской исторіи съ портретами государей,
далѣе — нѣсколько басенъ и стихотвореній, и книга
заканчивалась таблицей умноженія. Помню и указку, —
сама мать смастерила мнѣ ее изъ лучинки.

Я очень скоро справился съ азбукой, можетъ-быть,
потому, что мнѣ самому хотѣлось поскорѣе читать. Я
любилъ разсматривать картинки въ книгахъ, но для

того, чтобы понимать ихъ смыслъ, мнѣ нужно было умѣть читать. И я быстро научился читать, — и чтеніе сдѣлалось съ малыхъ лѣтъ моимъ любимымъ занятіемъ. Я читалъ много и безъ разбора, что попадалось подъ руку.

Вотъ первыя прочитанныя мною книги: *Евангеліе и Дѣянія апостоловъ, Жизнеописаніе* великихъ мужей древности (очень старое изданіе на толстой шершавой бумагѣ), разсказы о животныхъ (съ рисунками, — заглавія не помню), сказки (*Синяя борода, Красная шапочка, Котъ въ сапогахъ* и др.), *Разсказы у камина доброй бабушки, Конекъ-Горбунокъ* Ершова (зналъ почти наизусть), сочиненія Державина, Пушкина, описаніе путешествія по дикимъ странамъ, кажется, по Африкѣ и Австраліи, описаніе странствованія по какой-то великой американской рѣкѣ, *Исторія Наполеона I, Робинзонъ Крузо.*

Затѣмъ слѣдовала масса книгъ самаго разнообразнаго содержанія (впрочемъ, болѣе всего романы и повѣсти), какъ, напримѣръ: *Тысяча и одна ночь, Таинственный монахъ* Зотова, *Паденіе Новгорода, Стригольники, Вѣдьма за Днѣпромъ, Юрій Милославскій,* Загоскина, *Рославлевъ* его же, *Александръ Македонскій, Исторія Петра I* (съ рисунками), *Мартинъ Найденышъ* Евг. Сю и его же *Вѣчный жидъ, Тарантасъ* гр. Соллогуба (съ рисунками), *Пертская красавица* В. Скотта, *Опасный замокъ* его же, *Вечера на хуторѣ близъ Диканьки* и *Тарасъ Бульба* (началъ читать *Мертвыя души,* но бросилъ: показались скучны), *Библіотека для чтенія* Сеньковскаго. Остальныхъ не помню, но ихъ было еще не мало.

Державинъ, помню, мнѣ показался сухъ и напыщенъ, и лишь немногія изъ его произведеній нравились мнѣ своимъ торжественнымъ, звучнымъ стихомъ. Зато Пушкинъ сразу же меня очаровалъ и сдѣлался моимъ любимцемъ. Конечно, я и въ Пушкинѣ еще многаго не понималъ, но все-таки Пушкинъ былъ проще, естественнѣе и ближе ко мнѣ, чѣмъ важный пѣвецъ Фелицы. Я зачитывался *Капитанской дочкой* и *Повѣстями Бѣлкина*, а изъ стихотвореній многія зналъ наизусть, какъ, напримѣръ: *Женихъ, Утопленникъ, Бѣсы, Сказка о рыбакѣ и рыбкѣ, о царѣ Салтанѣ* и друг.

Я читалъ и днемъ въ свободное время, читалъ и по вечерамъ (если не занимался рисованіемъ), читалъ и рано поутру, поднимаясь съ огнемъ. Скажу безъ преувеличенія, что я до 10 лѣтъ прочиталъ столько книгъ по исторіи и изящной словесности, сколько иной юноша не прочитаетъ и до 20-лѣтняго возраста. Я, разумѣется, не хочу сказать, что всѣ прочитанныя мною книги въ равной мѣрѣ были полезны и способствовали моему умственному и нравственному развитію. Тутъ были и хорошія и дурныя книги; но здоровый дѣтскій организмъ, росшій въ здоровой атмосферѣ при благопріятныхъ условіяхъ, на глазахъ нѣжно любящей и любимой матери, все перемалывалъ — хорошее и дурное — и въ итогѣ получалось добро. Даже такія книги, которыя теперь считаютъ плохими съ педагогической точки зрѣнія и, можетъ-быть, нынѣ уже вовсе не читаются у насъ, какъ, напримѣръ, романъ А. Дюма *Графъ Монте-Кристо* или *Вѣчный жидъ* Евг. Сю,—для меня оказывались полезны. Онѣ заставляли задумываться надъ людскою несправедливостью, жалѣть несчастныхъ становиться на сторону угнетенныхъ, восхищаться благородными подвигами самоотверженія, — однимъ словомъ, развивали гуманныя чувства.

Я не былъ хворымъ, болѣзненнымъ ребенкомъ, но былъ очень нѣжнаго сложенія и съ не особенно большимъ запасомъ физическихъ силъ, поэтому-то всѣ игры, требующія мускульной силы, проворства и ловкости, нимало не привлекали меня; поэтому-то я и зарывался въ книги, создавалъ свой особенный міръ, и жилъ въ немъ и чувствовалъ себя отлично.

Въ отцовскомъ кабинетѣ стоялъ большой книжный шкапъ изъ орѣховаго дерева и съ наполовину стеклянными дверцами. Я смотрѣлъ на этотъ шкапъ, какъ на нѣкое святилище.

Еще задолго до того времени, когда я сталъ читать книги, стоявшія въ этомъ шкапу, я уже близко познакомился съ ихъ внѣшнимъ видомъ. Я бралъ стулъ, взбирался на него и читалъ заглавія, разглядывалъ переплеты. По цвѣту переплета и по формату книги — еще задолго до моего личнаго знакомства съ книгами — я уже зналъ: гдѣ стоитъ *графъ Монте-Кристо*, гдѣ пріютился несчастный *Мартинъ Найденышъ*; *Пушкинъ*, помню, былъ въ темно-зеленомъ переплетѣ, *Вѣчный жидъ* — въ черномъ, *Никилльо Алляши* — въ красноватомъ, *Тарантасъ* Соллогуба — въ пестромъ, *Тереза Дюнойе* — въ розовомъ, *Опасный замокъ* — въ синевато-сѣромъ и т. д.

И какъ я любилъ эти книги! Это были мои неизмѣнные друзья... Правда, нѣкоторые изъ этихъ друзей сильно разжигали мое дѣтское воображеніе, — я мечталъ надъ ними, и Богъ вѣсть куда уносили меня мечты... Въ мечтательности, можетъ-быть, для меня оказывался вредъ, но — ахъ! — какъ трудно, оглядываясь на прошлое, провести черту между тѣмъ, что̀ было вредно и полезно.

Прямымъ слѣдствіемъ чтенія было то, что мнѣ и самому захотѣлось сочинять. Девяти лѣтъ я написалъ повѣсть, — заглавіе ея не помню. Начиналась же она такъ: «Была темная ночь. Вѣтеръ уныло завывалъ, и шелъ дождь»... Далѣе описывалась печальная судьба одного безпріютнаго сироты, всѣми отверженнаго. Отецъ его былъ казненъ за какое-то страшное преступленіе, мать съ горя сошла съ ума, сестра, немного постарше его, умерла. Всѣ родные и знакомые отшатывались отъ него, всѣ гнали его отъ пороговъ своихъ домовъ. И этотъ сирота, бродившій въ мірѣ безъ пристанища, пришелъ, наконецъ, къ какому-то великолѣпному храму, прилегъ у входа и тамъ умеръ съ холода и съ голода. Въ повѣсти обличалось людское жестокосердіе.

Когда мнѣ было 11 лѣтъ, я написалъ пьесу, полную ужасовъ, убійствъ, самоубійствъ, — и со своими сверстниками, деревенскими ребятишками, торжественно разыгралъ ее въ нашей залѣ. Помню, во время представленія произошелъ казусъ, весьма огорчившій автора пьесы. Одно изъ дѣйствующихъ лицъ было убито, и мы должны были своевременно унести его трупъ со сцены, но второпяхъ совершенно позабыли объ убитомъ. Этому несчастному надоѣло лежать неподвижно, — онъ вскочилъ и убѣжалъ. Публика расхохоталась. Автору было очень досадно, что зрители развеселились именно въ тотъ моментъ, когда, по его предположеніямъ, они должны были плакать при видѣ бѣдствій, обрушившихся на героя пьесы.

Въ гимназіи я всегда шелъ хорошо по русскому языку, а въ старшихъ классахъ, когда намъ стали задавать сочиненія на извѣстныя темы, мои сочиненія ставились нашимъ почтеннымъ учителемъ словесности, Н. П. Левицкимъ, въ примѣръ прочимъ за ясность изложенія и правильность языка. Безъ сомнѣнія, въ этомъ случаѣ также оказалось вліяніе моей не по лѣтамъ громадной начитанности.

II.

Первыя девять лѣтъ моей жизни прошли въ Никольскѣ — маленькомъ, глухомъ городкѣ Вологодской губерніи. У моей матери въ 400 верстахъ отъ Никольска была усадьба. Эта усадьба находилась при большой, такъ называемой Архангельской, дорогѣ и называлась Миролюбово (Токарево тожъ). Мать на лѣто уѣзжала въ Миролюбово присматривать за полевыми работами и меня обыкновенно брала съ собой. Я былъ любимцемъ матери и, кстати сказать, походилъ на нее лицомъ и складомъ характера, — только она была несравненно красивѣе и лучше меня. Сестра Лиза, любимица отца, оставалась съ нимъ на лѣто въ Никольскѣ.

Эти весеннія поѣздки въ деревню были для меня полны невыразимой прелести... Я ждалъ ихъ, какъ праздника. Лишь только въ воздухѣ начинало вѣять

весной и снѣгъ таялъ на солнцѣ, я уже принимался за разговоры о томъ, какъ я съ мамой поѣду въ деревню. Конечно, для полноты счастья нужно было бы прихватить съ собой и мою милую старую няню, Тарасьевну; но горе въ томъ, что въ нашемъ тарантасѣ было мѣсто только для двоихъ.

Дорогу я помню смутно... По сторонамъ я видѣлъ поля, луга, но чаще дорога шла лѣсомъ, и насъ обдавало лѣсными ароматами—въ особенности рано поутру или поздно вечеромъ. Помню, приходилось проѣзжать однимъ дремучимъ лѣсомъ. Лѣсъ былъ казенный, «строевой», и лѣсная стража тщательно берегла его. Мнѣ говорили, что изъ этого лѣса деревья идутъ на мачты для кораблей. Помню, вьется узенькая дорога: по ту и по другую сторону — высокій, высокій лѣсъ, понизу густо заросшій кустарникомъ. На этой дорогѣ всегда сумракъ, даже и въ свѣтлый лѣтній полдень— тѣнь и прохлада... и для того, чтобы увидѣть небо, надо было загнуть голову, — и тамъ, высоко, изъ-за сходившихся вершинъ деревьевъ, узкой полосой свѣтлѣло небо... Этотъ лѣсъ, какъ я слышалъ, въ послѣдніе годы сильно пострадалъ отъ пожаровъ.

Ночью, бывало проѣзжаемъ черезъ деревню. Майскія ночи у насъ свѣтлы, все видно, какъ днемъ. Избы тянутся одна за другой и такъ похожи между собой, что я, бывало, удивлялся: какимъ образомъ люди отличаютъ одну избу отъ другой и какъ они, вмѣсто своей, не заходятъ въ чужую избу. У оконъ вырѣзныя, ярко раскрашенныя ставенки; на крышахъ черныя, закоптѣлыя корзиночныя трубы. Обдаетъ тепломъ, запахомъ жилья... Колокольчикъ звенитъ, заливается, и звонъ его въ ночномъ безмолвіи гулко отдается посреди строеній. Ни въ одной избѣ не видать огня, нигдѣ ни души живой, — все тихо.

И мама говоритъ:

— Наработались за день, сердечные… Устали, спятъ!

Собаки лаютъ спросонокъ и скоро отстаютъ… За деревней вдоль дороги видны маленькія строенья безъ оконъ, съ небольшими, наглухо запертыми дверями и съ низко нависшими крышами. Это—амбарушки… Далѣе — поля; но недолго тянутся поля, — за ними опять начинается лѣсъ…

Ночь. Мать съ поблѣднѣвшимъ отъ усталости лицомъ тихо дремлетъ, закутавшись въ свой большой бѣлый платокъ и прислонившись спиной къ подушкѣ. Я долго смотрю на лошадей, на дорогу, на мелькающую лѣсную глушь; но и меня, наконецъ, клонитъ ко сну, — я припадаю къ плечу матери и начинаю дремать. Я дышу все тяжеле и тяжеле; однообразный звонъ колокольчика становится какъ будто все дальше и дальше; во всемъ тѣлѣ чувствуется слабость, голова кружится земля уходитъ у меня изъ-подъ ногъ, и я лечу, лечу куда-то, въ какія-то бездны… Черезъ полчаса или черезъ часъ, а можетъ-быть, и черезъ 10—15 минутъ, при первомъ сильномъ толчкѣ я просыпаюсь, раскрываю глаза…

Голова моя уже скатилась къ матери на колѣни, и мать во снѣ придерживаетъ меня одной рукой. Я не шевелюсь и лежу съ раскрытыми глазами. Я смотрю на мать, на ея милое лицо, чувствую на своемъ плечѣ ея руку, — и мнѣ такъ хорошо. Ямщикъ покачивается на облучкѣ; лошади бѣгутъ легкой рысью по знакомой имъ дорогѣ: колокольчикъ звенитъ, и его *динь-динь-динь* глухо отдается въ чащѣ лѣса. Лѣсная глушь такъ и напираетъ, такъ и надвигается на насъ… Вверху изъ-за деревьевъ сквозитъ беззвѣздное, голубое ночное небо. Меня укачиваетъ, звонъ колокольчика вмѣсто колыбельной пѣсни убаюкиваетъ меня и я опять дремлю…

Иногда днемъ мы останавливались на станціи, пили чай, закусывали. Станціонный смотритель стоялъ у притолоки и рапортовалъ о чемъ-то мамѣ. Она просила его садиться и поила чаемъ. Въ томъ случаѣ, когда не было готовыхъ лошадей и намъ приходилось ждать (что, впрочемъ, случалось очень рѣдко), мама отпускала меня съ ребятами гулять въ поле. И я съ удовольствіемъ бѣгалъ съ мальчишками, — пріятно было размять ноги послѣ долгаго сидѣнья въ экипажѣ. Мы рвали щавель и ѣли; я набиралъ для мамы полевыхъ цвѣтовъ.

Послѣднюю часть пути я проѣзжалъ уже впросонкахъ, — не то спалъ, не то бодрствовалъ. Дремота одолѣвала меня, но заснуть крѣпкимъ, спокойнымъ сномъ я не могъ. И вижу, бывало, сквозь сонъ, какъ мы проѣзжаемъ чрезъ деревни, потомъ вижу черныя, вспаханныя поля, луга, изумрудомъ отливающіе вдали, а тамъ опять — лѣсная глушь.

Ночью проѣзжаемъ на какую-то станцію. Заспанные ямщики ходятъ около тарантаса, смазываютъ колеса: въ воздухѣ припахиваетъ дегтемъ. Ямщики о чемъ-то спорятъ, перебраниваются… «Ванькина очередь!» — «Веди, веди Чалаго-то!» — «Ушли въ поле, ловятъ»… — «Вишь, черти! распустятъ коней, не соберешь!..» Наконецъ приводятъ лошадей, запрягаютъ; ямщикъ стягиваетъ хомутъ, упираясь въ него ногой, колокольчикъ позвякиваетъ... Ямщикъ взбирается на облучокъ, подбираетъ вожжи. Мама даетъ кому-то на чай. «Съ Богомъ! Трогай!» говоритъ кто-то.

— Эхъ вы, соколики! — вскрикиваетъ ямщикъ, и мы съ мѣста пускаемся въ карьеръ.

Вижу сквозь сонъ: спускаемся подъ гору. Мама приподнимается въ тарантасѣ и говоритъ ямщику:

— Тише! Тише!

Но ужъ поздно: лошади понесли подъ гору. „Тпру! Тпру!“ голоситъ ямщикъ, изъ всей мочи натягивая вожжи, и откидывается назадъ, чуть не опрокидываясь къ намъ въ тарантасъ. Мать испуганно обнимаетъ меня и прижимаетъ къ себѣ... Мы мчимся все быстрѣе и быстрѣе, все ниже, ниже и вдругъ съ наскоку взлетаемъ на мостъ... Колеса гремятъ по мосту. Тутъ ужъ усталыя лошади легкой рысцой поднимаются въ гору. Ямщикъ поправляется на облучкѣ и покрикиваетъ на лошадей.

— Ну, слава Богу! — шепчетъ мать и наклоняется ко мнѣ. — Испугался?

— Нѣтъ, мама! — бормочу я, чувствуя себя въ совершенной безопасности въ ея объятіяхъ.

— Спать хочешь, голубчикъ? Притомился... Вотъ скоро пріѣдемъ! Дома отдохнешь... — ласково говоритъ она, гладя меня по щекѣ. — Ну, спи пока, подремли... Дорога теперь пойдетъ ровная, все лѣсомъ...

Много ли, мало ли проходитъ времени, — не знаю. Чувствую, что меня обдаетъ свѣжестью, и пріятная, легкая дрожь пробѣгаетъ по тѣлу. Вижу сквозь сонъ, что мы на берегу какой-то большой рѣки. На противоположной сторонѣ видно селенье, бѣлая церковь съ высокой бѣлой колокольней. Солнце выходитъ изъ-за дальнихъ зеленыхъ лѣсовъ, и въ его яркихъ красноватыхъ лучахъ колокольный шпиль блеститъ и горитъ въ ясномъ небѣ. Птички чирикаютъ въ кустахъ прибрежныхъ ивъ... Ямщикъ сводитъ лошадей на поромъ; перевозчики тянутъ канатъ, переговариваются съ ямщикомъ... Серебристыя брызги летятъ съ каната при подниманіи его изъ воды...

И опять мы ѣдемъ-ѣдемъ... Лѣсу по дорогѣ все меньше и меньше; чаще попадаются луга и поля. Проѣзжаемъ какой-то маленькій, пустынный городокъ и, наконецъ, къ вечеру попадаемъ въ наше Миролюбово.

Сонный брожу я по пустымъ комнатамъ. Меня обдаетъ сыростью и запахомъ нежилого зданія. Мама растворяетъ окна и балконъ. Прислуживаетъ какая-то деревенская дѣвушка. Отпираютъ шкапы, комоды; вынимаютъ посуду, бѣлье... Я кое-какъ допиваю чашку чаю, цѣлую маму и валюсь спать—и сплю, какъ убитый, до поздняго часа утра.

III.

Послѣ зимняго городского сидѣнья въ четырехъ стѣнахъ лѣтняя жизнь въ деревнѣ, со всей ея свободой, со всѣмъ ея привольемъ и раздольемъ, казалась мнѣ райски-блаженной жизнью, длиннымъ рядомъ свѣтлыхъ и радостныхъ, безоблачныхъ дней. Съ утра до вечера, если не было дождя, бѣгалъ я по полямъ и лугамъ и загоралъ страшно, загоралъ до того, что на шеѣ у ворота рубашки оставалась лишь бѣлая полоска, а кисти рукъ, казалось, были обтянуты свѣтло-коричневыми перчатками. Я забѣгалъ домой только пообѣдать и напиться чаю.

Мать, бывало, вечеромъ подходила къ моей кроваткѣ, чтобы благословить меня на сонъ грядущій и дать мнѣ прощальный поцѣлуй, брала меня за голову, отводила со лба мои растрепанные, сбившіеся волосы и, съ улыбкой смотря на меня, говорила:

— У-у, какой же ты у меня сталъ цыганенокъ!.. Смотри, до чего ты загорѣлъ! — И она проводила рукой по моей загорѣлой шеѣ, гладила и ласкала меня, а я припадалъ лицомъ къ ласкавшей меня рукѣ и цѣловалъ ее.

— Охъ, мама, какъ я усталъ! — бормоталъ я.

— И спи, Богъ съ тобой! Дай я разстегну тебѣ воротъ... Вотъ, такъ лучше... Спи, голубчикъ, спи спокойно! — тихо говорила она, поправляя на мнѣ покрывало.

Глаза мои слипались, но я все-таки видѣлъ, что мать еще нѣсколько минутъ стояла, наклонившись надо мной, что-то тихо шептала, — вѣроятно, молилась за меня, — и съ невыразимой нѣжностью смотрѣла она на своего „цыганенка"...

Мама, мама! Милая моя!.. Какъ любила она меня... Иногда въ это время, на сонъ грядущій, у меня заходили съ нею такого рода разговоры:

— Мама, ты любишь меня?

— Люблю, голубчикъ!

Я полулежалъ на постели, а мать, стоя на колѣняхъ у моей кровати, обнимала меня.

— А я... я вотъ какъ тебя люблю! — Я вскакивалъ на постели и, обхвативъ ее руками за шею, изо всей мочи обнималъ ее, приговаривая: — Вотъ какъ! Вотъ какъ!..

— Ты у меня будешь добрый? Да? — цѣлуя спрашивала она меня.

— Да, мама! — Въ тѣ минуты я былъ бы не въ состоянии сказать ей „нѣтъ“, и въ ту пору мнѣ хотѣлось всегда быть очень, очень добрымъ.

И, нѣжась, я спокойно засыпалъ на ея рукахъ...

Почти отъ самаго нашего дома поля на полдень шли скатомъ. За полями начиналось болото. Въ этомъ болотѣ по канавѣ росъ шиповникъ, и весной онъ весь былъ облитъ розовымъ цвѣтомъ и благоухалъ нѣжнымъ, тонкимъ ароматомъ. Нигдѣ, кажется, я не видалъ такой сочной, ярко-зеленой травы, какъ на нашемъ болотѣ. И самые разнообразные цвѣты пестрѣли въ этой высокой ярко-зеленой травѣ. Тамъ и сямъ изъ-за кустовъ ивъ и изъ-за малорослыхъ березъ и ольхъ видны были тихія стоячія воды, и на этихъ водахъ посреди блестящихъ круглыхъ листьевъ плавали бѣлые цвѣты — кувшинки.

На этомъ болотѣ жили дикія утки, бекасы, длинноносые кулики, стаи какихъ-то маленькихъ сѣрыхъ птичекъ съ малиновой грудью, и нигдѣ я не видалъ такой массы зеленыхъ лягушекъ, какъ здѣсь... Лягушки взбирались на кочки или, высунувъ голову изъ воды, безсмысленно таращили на меня свои круглые глаза. А какъ онѣ квакали! Боже ты мой!.. Не квакали, а ревѣли и ревомъ своимъ почти заглушали утиное кряканье и щебетанье сѣрыхъ птичекъ... Разноцвѣтныя бабочки — пестрыя, красныя, голубыя, бѣлыя, черныя — порхали въ тепломъ воздухѣ. Различныя насѣкомыя носились надъ болотомъ: зеленыя, какія-то коричневыя, черныя, а иныя съ розовыми крылышками... И все это трещало, жужжало и носилось надъ высокой зеленой осокой, блестя и сверкая всѣми цвѣтами радуги въ яркихъ лучахъ лѣтняго полуденнаго солнца...

Я любилъ бродить по канавѣ и всматриваться въ эту болотную жизнь.

У овина, съ полуденной стороны, вдоль стѣны росъ густой малинникъ, и, когда поспѣвали ягоды, я часто туда странствовалъ. Также я любилъ взбираться на небольшой зеленый холмъ, поднимавшійся на западной границѣ нашихъ владѣній. Лежа на мягкой травѣ, я раздумывалъ и мечталъ Богъ вѣсть о чемъ и подолгу смотрѣлъ на разстилавшуюся передо мной равнину съ знакомыми полями, деревнями и перелѣсками.

За садомъ, въ пруду, я купался въ жаркіе лѣтніе дни. Прудъ былъ неособенно удобный для купанья: мелкій, съ вязкимъ, илистымъ дномъ и мѣстами покрытый зеленью. Но я въ ту пору мало обращалъ вниманія на подобныя неудобства. Въ самыхъ глубокихъ мѣстахъ вода едва доходила мнѣ по грудь. Барахтаюсь, бывало, плещусь—и въ полномъ удовольствіи! Выхожу на берегъ. Не знаю, на что я былъ тогда похожъ,— на тритона или на какое-нибудь другое сказочное животное... Марина, скотница, женщина ворчливая, проходитъ мимо и, качая головой, говоритъ:

— Ай-да баринъ! Вотъ такъ-такъ!.. Славно!

— Марина, уйди!—кричу я и опять отправляюсь въ прудъ отмывать приставшій ко мнѣ илъ.

— А вотъ не уйду! — ворчитъ скотница. — Прутомъ бы хорошенько!—говоритъ она, немного погодя, смотря на меня, какъ на какого-нибудь невиданнаго звѣреныша.

Я смѣюсь надъ ея угрозой, зная, что она, несмотря на свой сердитый ворчливый нравъ, чувствуетъ ко мнѣ большое расположеніе. Марина уходитъ, а я кричу ей вслѣдъ:

— Марина! Простокваша есть?

— Нѣту!—сердито откликается она.

— Ты мнѣ дашь?—пристаю я.—Да чтобы сметаны побольше...

— Ничего у меня нѣтъ, и сметаны нѣтъ... Ничего не дамъ тебѣ, баловнику, — брюзжитъ Марина.

Скотница была очень добрая женщина, жалостливая къ людямъ и къ скоту; но въ характерѣ ея была страсть противорѣчить: я ни разу не слыхалъ, чтобы она на словахъ съ кѣмъ-нибудь согласилась. Вѣчно она, бывало, споритъ, брюзжитъ и какъ будто недовольна и собой и всѣмъ міромъ. Я уже зналъ ея повадку и на ея невинное брюзжанье вниманія не обращалъ.

— И отрѣжь мнѣ, Маринушка, большой-большой ломоть хлѣба! — продолжаю я. — Я къ тебѣ сейчасъ приду...

— Приди-ка, приди! Я тебѣ задамъ! — грозится Марина, стоя на крыльцѣ своей скотной и смотря изъ-подъ руки вдаль.

Выкупавшись, я иду въ скотную. Тамъ ужъ простокваша готова, и на столѣ лежитъ большой ломоть чернаго хлѣба. Я хлебаю молоко прямо изъ кринки и за объ щеки уплетаю вкусный ржаной хлѣбъ. Я набѣгался за утро, проголодался, истомился отъ жары, и холодная простокваша разомъ утоляетъ мою жажду и голодъ. Марина сидитъ на лавкѣ и, подпершись подбородкомъ на руку, съ усмѣшкой смотритъ на меня. Очевидно, ей пріятно видѣть, съ какимъ удовольствіемъ я ѣмъ ея простоквашу.

— Вишь, уморился! — ворчитъ Марина. — И какъ только тебя, сердечнаго, ноги носятъ! Просто даже удивительно... Вѣдь ты не посидишь дома... не посидишь! День денской по полю рыщешь... Съ собаками тебя не сыскать... Что это маменька-то смотритъ! Взяла бы да прутомъ!..

— За что же? — со смѣхомъ спрашиваю я.

— А вотъ за то самое... — внушительно поясняетъ мнѣ Марина. — Балуешь все!..

Я смѣюсь, и при видѣ моего смѣха морщины на лбу Маринушки разглаживаются, лицо становится веселѣе, и, какъ лучъ свѣта, улыбка пробѣгаетъ по ея губамъ.

— Спасибо! — говорю я ей, утирая „по-мужицки“ ротъ рукавомъ рубахи. — А когда у тебя пѣнки [1]) будутъ, ты мнѣ дашь?

— Не будетъ у меня пѣнокъ, — ничего я тебѣ не дамъ... И не жди! — ворчитъ Марина.

Но ужъ я знаю, что пѣнки будутъ и она мнѣ дастъ ихъ. Мы съ Мариной были большіе друзья, и я скоро понялъ, что слово „прутъ“ на ея языкѣ имѣло ласкательное значеніе.

---

[1]) Эти пѣнки получаются отъ сметаны, когда ее перетапливаютъ въ печи на такъ называемое русское масло. Эти пѣнки, вмѣсто масла, употребляются при печеньи пироговъ.

Такъ проходили май, іюнь, іюль,—пролетали, какъ
одинъ ясный, безоблачный день. На моихъ глазахъ
росла, поднималась озимь, начинала колоситься, цвѣсти,
изъ зеленой превращалась въ бурую; затѣмъ зерна
въ колосьяхъ наливались, рожь желтѣла и золотилась
на солнцѣ. Въ концѣ іюля, по окончаніи сѣнокоса,
начинали жать рожь.

Помню изъ этого
времени одинъ ве-
черъ... Можетъ-быть,
то былъ и не одинъ
вечеръ, но теперь
въ моихъ воспоминаніяхъ нѣсколько
такихъ вечеровъ слились въ одинъ.
Какъ теперь вижу: солнце за-
ходитъ за лѣсистый край земли...
Ясное небо голубымъ куполомъ рас-
кидывается надъ полями и перелѣсками. Мама въ сѣ-
ромъ платьѣ и въ маленькомъ бѣломъ платкѣ на го-
ловѣ жнетъ вмѣстѣ съ бабами. Какая-то пожилая жен-

щина, высокая и дородная, стоитъ, опустивъ серпъ, смотритъ на маму и говоритъ:

— Ой, матушка, устанешь! Твоимъ ли рученькамъ возиться съ серпомъ?

— Я люблю жать!—говоритъ мама, выпрямляясь и поправляя выбившіяся изъ-подъ платка пряди русыхъ волосъ. — Вѣдь ты же жнешь!

— Мы ужъ привычны къ этому дѣлу!—возражаетъ баба.—А тебѣ, поди, и нагибаться-то тяжко...

И какой хорошенькой казалась мнѣ мама въ тотъ вечеръ, съ блестящимъ серпомъ въ рукѣ и съ бѣлымъ платочкомъ на полураспустившихся волосахъ, посреди золотистой, колосистой ржи. Ея темно-голубые, прелестные глаза блестѣли, а на щекахъ ея, залитыхъ румянцемъ, казалось, горѣлъ огонь заката... Я ходилъ по полю за жницами и собиралъ колосья...

Иногда, пользуясь вечерней прохладой и свѣтомъ лѣтнихъ сумерекъ, жали до поздняго вечера, и мы съ мамой оставались въ полѣ. Блѣдный мѣсяцъ тихо плылъ надъ полями... Какъ я тогда былъ счастливъ!

Давно, давно уже прошли тѣ вечера и болѣе никогда для меня не возвратятся...

IV.

Когда мнѣ минуло 9 лѣтъ, отецъ оставилъ службу и со всѣмъ семействомъ переселился на житье въ Миролюбово. Тутъ прошли послѣдніе три года моего дѣтства...

„Большая“ Архангельская дорога, проходившая мимо нашей усадьбы, служила для меня интереснымъ предметомъ для наблюденій въ лѣтнее время.

Вотъ идетъ „почта". Тройка мчится, колокольчикъ звенитъ, заливается, ямщикъ покрикиваетъ: „Эхъ, вы, голубчики!" На почтовыхъ тюкахъ, прикрытыхъ кожанымъ брезентомъ, перевязаннымъ веревками, сидитъ почтальонъ въ своей форменной одеждѣ, весь запыленный, усталый. Черезъ плечо у него надѣта кожаная сумочка; съ боку у него торчитъ пистолетъ. Проносится почта и скоро скрывается въ сѣрыхъ облакахъ пыли...

Тащатся странники, странницы, богомолки. Загорѣлые, усталые, тихо тащатся они стороной дороги, тяжело опираясь на свои длинные посохи. Видно, бредутъ они издалека: одежда на нихъ рваная, босыя ноги—въ грязи и въ пыли...

Мелкой рысцой на парѣ лошадокъ ѣдетъ купецъ. Въ телѣгѣ у него — все узлы и узелочки да какіе-то тюки въ рогожахъ; за спиной у него—подушка въ красной наволокѣ; его картузъ и длиннополый кафтанъ въ пуху и въ пыли. Онъ отправляется куда-нибудь на ярмарку или возвращается домой. Ямщикъ его сидитъ сгорбившись, не кричитъ и не понукаетъ лошадей. „Доѣдемъ, молъ, помаленьку!..."

Вотъ идетъ партія арестантовъ, позвякивая цѣпями. Арестанты идутъ въ сѣрыхъ халатахъ и въ сѣрыхъ фуражкахъ безъ козырька; хмуро посматриваютъ они по сторонамъ. Ихъ сопровождаютъ солдаты съ ружьями и съ закрученными шинелями за спиной. „Куда-то направляются эти сѣрые люди? Не въ Сибирь ли?—думается мнѣ.—Ахъ, далеко эта Сибирь!"

Иногда какой-нибудь сановникъ или богатый, важный баринъ проѣзжалъ въ коляскѣ четверней—

въ рядъ или цугомъ, съ форейторомъ. Этотъ грузный экипажъ съ фордекомъ, съ красивыми фонарями по сторонамъ козелъ, на рессорахъ, съ большими колесами, не стучалъ и не гремѣлъ, какъ обыкновенные почтовые тарантасы, но катился благородно, какъ-то мягко, безъ шума. Тутъ ужъ, конечно, ни колокольца, ни бубенчиковъ, ни ухарскихъ восклицаній въ родѣ: „Эхъ, вы, соколики!"—не полагалось. Лишь кучеръ съ высоты козелъ низкимъ басомъ торжественно вѣщалъ: „Пади! Пади!" Онъ и лошадей-то при случаѣ постегивалъ какъ-то особенно, деликатно...

Тащились цыгане со своими повозками, набитыми всякимъ хламомъ и смуглыми полунагими ребятишками съ черными всклоченными волосами. За повозками, опустивъ хвостъ, шли тощія, поджарыя собаки; или цыганки съ пестрой шалью черезъ плечо, съ красными рваными платками на головѣ, и громко тараторили между собой...

Проходили семинаристы съ сапогами и съ узелкомъ за плечами,—то они шли на ваканціи, то возвращались въ городъ. Веселый и бодрый народъ! Идутъ, бывало, босые, въ отрепанныхъ халатикахъ, переговариваются, хохочутъ, свищутъ и стравливаютъ собакъ...

Поскрипывая тянулись обозы, и дёготькомъ попахивало въ воздухѣ. Извозчики шли около своихъ возовъ и похлопывали по землѣ кнутами...

Смотря на этихъ проѣзжавшихъ и проходившихъ людей, я иногда думалъ: „Куда они направляются? Далеко ли? И зачѣмъ, по какимъ дѣламъ тянутся они по этой пыльной дорогѣ? Отчего имъ не сидится дома? Что ихъ манитъ, зоветъ въ эту синюю даль, туда, за „темные лѣса?" Тамъ, куда они проѣзжали и проходили, за этими темными лѣсами, начинался для меня невѣдомый міръ. И объ этомъ-то мірѣ я загадывалъ и мечталъ. Мнѣ и самому хотѣлось порой пойти по „большой" пыльной дорогѣ и проникнуть въ тотъ таинственный міръ, куда мимо меня постоянно, изо дня въ день, днемъ и ночью шло и ѣхало столько народа... И я въ свое время заглянулъ въ этотъ заманчивый міръ, и я направился по той же пыльной столбовой дорогѣ и скрылся въ той же синеватой дали, гдѣ прежде на моихъ глазахъ потонуло столько проѣзжавшихъ и проходившихъ людей...

Иногда по „большой" дорогѣ проводили „ученаго" медвѣдя, и это большое сильное животное, такое опасное и страшное въ лѣсу, казалось теперь жалкимъ и такимъ несчастнымъ, когда ходило на цѣпи, съ желѣзнымъ кольцомъ, проткнутымъ въ нижнюю губу или въ ноздрю. Животное, тяжело переваливаясь, покорно шло за своимъ мучителемъ. Проводникъ его иногда останавливался у постоялаго двора, пріютившагося по сосѣдству съ нашей усадьбой, и давалъ представленіе передъ толпой зѣвакъ.

И медвѣдь показывалъ: какъ старыя старушки на барщину (т.-е. на работу) ходятъ, какъ съ барщины возвращаются, какъ красныя дѣвушки и молодицы въ зеркальце смотрятся и т. д. Затѣмъ онъ начиналъ низко кланяться публикѣ. Иногда какой-нибудь доброходъ подавалъ медвѣдю стаканъ водки. Медвѣдь съ удовольствіемъ выпивалъ водку и, захмелѣвъ, начиналъ плясать и кувыркаться на потѣху публики, а

подчасъ, разбушевавшись, готовъ былъ взбунтоваться
противъ своего проводника. Тогда проводникъ нака-
зывалъ его желѣзной палкой и изо всей силы дергалъ

за цѣпь изъ стороны въ сторону. Медвѣдь ревѣлъ отъ
боли и, пятясь отъ своего жестокаго мучителя, ста-
рался уклониться отъ его побоевъ. Меня всего болѣе
удивляло то, что публика весело смѣялась надъ стра-

даніями этого несчастнаго животнаго. Въ этомъ смѣхѣ сказывалось злорадство трусливыхъ людей при видѣ того, какъ такое страшное и могучее животное, посаженное на цѣпь, было унижаемо, пресмыкалось въ прахѣ, безсильное и немощное, передъ такимъ жалкимъ, ледащимъ человѣчкомъ, какимъ былъ его проводникъ...

А однажды по нашей „большой“ дорогѣ проводили животное, невиданное и неслыханное въ нашей сѣверной сторонѣ. Это было въ 1853 или 54 году. Появленіе этого животнаго вызвало сильное волненіе въ нашемъ околоткѣ и долго потомъ служило предметомъ весьма оживленныхъ разговоровъ и толковъ.

Разъ утромъ, выйдя на крыльцо, я увидалъ на дорогѣ громадную толпу народа. Впереди толпы бѣжали мальчишки, а высоко надъ толпой возвышалась голова какого-то страннаго животнаго съ очень длинной шеей. Я, разумѣется, пустился стремглавъ на дорогу и скоро протискался черезъ толпу мужиковъ и бабъ. Тутъ оказалось, что я съ этимъ животнымъ уже давно былъ заочно знакомъ по рисункамъ, и теперь, къ величайшему моему удивленію, я сразу же призналъ въ немъ верблюда.

Верблюдъ на „большой“ Архангельской дорогѣ— явленіе небывалое! И народъ, понятно, смотрѣлъ на этого пришлаго иностранца, какъ на диковинку. Всѣ разспрашивали о немъ вожатая, и тотъ, насколько могъ, удовлетворялъ всеобщее любопытство. Что онъ ѣстъ, не кусается ли, ходитъ ли въ упряжи, лежа ли спитъ, смиренъ или брыкается, и гдѣ же такой звѣрь живетъ, и какъ же онъ выводится, и отчего у него горбъ на спинѣ, зашибленъ или ужъ такъ отроду, и много ли такихъ звѣрей на свѣтѣ, и отчего они не забѣгаютъ къ намъ? и т. д.

Бабы ахали и вздыхали, мужики гладили верблюда и одобрительно покачивали головой, слушая разсказъ вожатая. Вожатай, впрочемъ, — сколько мнѣ помнится, — не мало имъ вралъ, вѣроятно, для краснаго словца.

Когда верблюда проводили по деревнѣ, собаки точно съ ума сходили: лаяли и выли, голосили на всѣ лады, но близко подбѣгать къ верблюду не рѣшались. Встрѣчавшіяся съ нимъ на дорогѣ лошади шарахались въ сторону, фыркали и, прядя ушами, испуганно косились на это невиданное чудовище... Вообще переполохъ былъ ужасный.

Я и теперь не могу взять въ толкъ: откуда въ Вологодской губерніи, на Архангельской дорогѣ, взялся верблюдъ? Но могу увѣрить, что я видѣлъ его не во снѣ, а наяву, — видѣлъ его большіе кроткіе глаза, его шершавую, темно-рыжеватую морду, видѣлъ такъ ясно, какъ теперь вижу мою чернильницу, даже слышалъ его отрывистый дикій крикъ, когда проводили его мимо постоялаго двора. Откуда его вели, куда и зачѣмъ, — я и теперь не знаю...

Еще одно воспоминаніе, одно сказанье, изъ того давняго времени.

Тогда, по случаю войны съ турками, собиралось народное ополченіе, и мой отецъ поступилъ офицеромъ въ Кадниковскую дружину. Несмотря на то, что въ ту пору отцу моему было уже за 50 лѣтъ, онъ мнѣ казался молодцомъ, когда я увидѣлъ его въ ополченской формѣ, — въ сѣромъ казакинѣ съ косымъ воротомъ, въ сѣрыхъ шароварахъ, заправленныхъ въ длинные походные сапоги, подпоясаннаго шелковымъ пунцовымъ кушакомъ и съ саблей на перевязи. Въ этомъ костюмѣ онъ показался мнѣ человѣкомъ гораздо болѣе внушительнаго вида, чѣмъ въ то время, когда онъ надѣвалъ свое черное штатское платье, украшенное на груди орденомъ и увѣшанное разными крестами и знаками отличія.

Помню, какъ однажды, лѣтомъ, уже подъ вечеръ, пріѣхалъ ночевать къ намъ въ Миролюбово дружинный начальникъ М. А. Зубовъ, высокій старикъ съ гладко выстриженными волосами и усами, опущенными книзу. Мы узнали, что дружина, по дорогѣ въ Вологду, расположилась на ночлегъ въ сосѣднихъ деревняхъ и сѣновалахъ. Дружинное знамя, новенькое, блестѣвшее золотомъ, принесли къ намъ въ домъ, въ залу, и тамъ поставили его, прислонивъ къ стѣнѣ. У знамени стоялъ часовой съ ружьемъ, и наша прислуга, помню, съ величайшимъ любопытствомъ и недоумѣніемъ заглядывала на свернутое знамя, на его черное древко и на часового, неподвижно, какъ статуя, стоявшаго передъ нимъ съ ружьемъ... Утромъ ратники потянулись мимо нашихъ воротъ; толпы родныхъ провожали ихъ въ городъ. Зубовъ и отецъ уѣхали вслѣдъ за дружиной...

Скажу здѣсь кстати нѣсколько словъ о родныхъ моего отца. Предки его были скромные, неизвѣстные труженики.

Дѣдъ мой съ отцовской стороны, Михаилъ Андреевичъ, былъ, впрочемъ, въ своемъ родѣ человѣкъ довольно замѣчательный. Сынъ бѣднаго сельскаго священника, онъ, по окончаніи курса въ вологодской семинаріи, отправился пѣшкомъ доучиваться въ Москву и здѣсь поступилъ въ славяно-греко-латинскую академію, а по окончаніи академическаго курса слушалъ лекціи въ Московскомъ университетѣ. По выходѣ изъ университета онъ нѣсколько времени давалъ уроки въ домахъ тогдашней московской знати, а затѣмъ былъ сдѣланъ смотрителемъ, т.-е., по-нынѣшнему, инспекторомъ вологодской гимназіи и учителемъ греческаго и французскаго языковъ. Онъ первый сталъ преподавать въ вологодской семинаріи французскій языкъ: до него каѳедры этого языка не существовало.

Очевидно, дѣдъ мой былъ человѣкъ энергичный, даровитый, съ сильнымъ характеромъ, но, какъ видно, не честолюбивый. Онъ много писалъ и въ прозѣ и въ стихахъ; особенно легко давались ему стихи. Стихами онъ даже переписывался со своими сановитыми друзьями. Онъ, между прочимъ, былъ въ очень дружескихъ отношеніяхъ и состоялъ въ постоянной перепискѣ съ Петромъ Васильевичемъ Лопухинымъ, занимавшимъ, кажется, въ ту пору постъ предсѣдателя Государственнаго Совѣта. Вологжане за различныя заслуги избрали моего дѣда въ «именитые» граждане г. Вологды, и добрая память о немъ долго сохранялась въ средѣ вологодскихъ старожиловъ начала нынѣшняго столѣтія...

Если дѣйствительно нѣкоторыя наши душевныя, такъ же, какъ и физическія, качества мы получаемъ въ наслѣдство отъ предковъ, то я могу думать, что свою раннюю страсть къ книжнымъ занятіямъ и къ писательству я получилъ въ наслѣдство, вмѣстѣ съ настойчивостью и упрямствомъ, именно отъ моего дѣда.

5*

Когда отецъ былъ въ ополченіи, въ нашемъ семейномъ совѣтѣ порѣшили, что меня пора отдать въ гимназію (мнѣ было уже 12 лѣтъ), и какъ-то вскорѣ послѣ Рождества мама отправилась со мною въ Вологду. Въ гимназіи при разставаньи, — не стыжусь признаться, — я горько-горько плакалъ, повиснувъ на шеѣ матери; плакала и мама. Это была наша первая разлука и мои первыя горькія слезы, горячія слезы, отъ которыхъ надрывалась моя дѣтская грудь...

Тутъ, на порогѣ гимназіи, кончилось мое дѣтство; я вступилъ въ годы отрочества. Дѣтство кончилось; началась казарменная, гимназическая жизнь, съ ея горемъ и радостью, съ ея тревогами и заботами, съ темными опасеніями и надеждами...

Мое свободное, счастливое дѣтство уже давно прошло; теперь оно мнѣ кажется какимъ-то свѣтлымъ сномъ... Отъ дѣтства у меня остались хорошія, отрадныя воспоминанія, — и за то, что у меня есть такія воспоминанія, я считаю себя счастливымъ человѣкомъ и жалѣю отъ всего сердца тѣхъ, у кого нѣтъ такихъ воспоминаній.

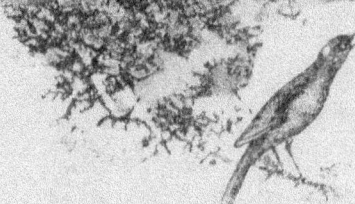

ГРИШИНА МИЛОСТЫНЯ.

(РАЗСКАЗЪ).

Лѣтній день былъ такой свѣтлый, солнечный.

Гриша проснулся въ самомъ веселомъ расположе-
ніи духа. Онъ подбѣжалъ къ раскрытому окну и за-
глянулъ въ садъ. Изъ-за деревьевъ были видны поля,
луга, покрытые цвѣтами, зеленые тѣнистые лѣса,—
и все это сіяло и улыбалось подъ ясными голубыми
небесами...

Гриша торопливо натянулъ свои длинные сѣрые
чулки, полусапожки, надѣлъ свой матросскій костюмъ—
бѣлый съ синими коймами, умылся, наскоро провелъ
гребенкой по своимъ короткимъ темнымъ волосамъ и
сбѣжалъ внизъ, въ столовую. Отецъ его уже уѣхалъ
въ поле, и мама одна сидѣла за самоваромъ. Гриша по-
цѣловалъ маму, наскоро выпилъ стаканъ густого деревен-
скаго молока и, не доѣвъ куска булки, схватилъ свою
широкополую соломенную шляпу и выбѣжалъ на дворъ.

Въ такой прелестный лѣтній день Гришѣ не сидѣлось на мѣстѣ: ему не хотѣлось ни одной лишней минуты пробыть въ домѣ.

Все утро Гриша былъ веселъ и игралъ на дворѣ: сначала возился съ лохматымъ Медвѣдкой, потомъ игралъ въ «лошадки» съ кучеровымъ сыномъ, Сашкой, пока мать не позвала того зачѣмъ-то домой, и, наконецъ, оставшись одинъ, началъ швырять камешками въ воробьевъ. Хотя онъ не попалъ ни въ одного воробья, но воробьи все-таки трусили и при каждомъ взмахѣ его руки съ шумомъ перелетали съ плетня на крышу сарая и съ крыши — опять на плетень. Ихъ перелеты очень забавляли Гришу, и онъ продолжалъ противъ воробьевъ свои безобидныя военныя дѣйствія. Щеки его разрумянились, темные глаза блестѣли... Гриша запыхался отъ бѣготни. Шнурокъ отъ ворота его матроски распустился, бѣлыя короткія штаны сбились, и одно колѣно, запачканое въ землѣ, было уже все на виду.

Вдругъ, въ самый разгаръ его бѣготни за воробьями, у воротъ показалась какая-то дѣвочка въ короткомъ рваномъ платьѣ и въ черной дырявой кофточкѣ, покрытой разноцвѣтными заплатками — коричневыми, сѣрыми, желтыми... Густыя пряди бѣлокурыхъ льняныхъ волосъ свѣшивались ей на лобъ, на щеки и падали на плечи. Ноги ея были босы и всѣ въ пыли... На одной ея рукѣ болталась корзинка.

— Баринъ... миленькой! Подай милостыньку Христа ради!—робко проговорила дѣвочка, увидавъ Гришу.

Гриша въ ту минуту собирался швырнуть камешкомъ въ воробьевъ, но остановился и подошелъ къ дѣвочкѣ.

— Ты — нищенка? — спросилъ онъ ее, отирая рукой потъ съ лица.

— Да... нищенка... Подай, баринъ. миленькой!.. — промолвила дѣвочка.

Гриша съ любопытствомъ посмотрѣлъ на нее.

Дѣвочка была очень невзрачная, такая маленькая, худенькая, съ загорѣлымъ лицомъ; въ ея большихъ и впалыхъ голубыхъ глазахъ и во всемъ лицѣ замѣчалось какое-то болѣзненное, жалобное выраженіе. Дѣвочка, казалось, была чрезвычайно запугана, боязлива, и ея тоненькій голосокъ дрожалъ отъ волненія.

Гриша разыгрался и расшалился не въ мѣру.

— Тебѣ хлѣба надо? Да? — спросилъ онъ, зажимая камень въ кулакъ. — Подставляй руку!

И дѣвочка довѣрчиво протянула къ нему свою крохотную худенькую ручонку.

— На, бери! — крикнулъ шалунъ и положилъ ей въ руку камень.

Дѣвочка не бросила камня и ничего не сказала; она только посмотрѣла на сѣрый камешекъ, потомъ сквозь слезы взглянула на Гришу и, понуривъ голову, тихо пошла далѣе по пыльной пустынной дорогѣ. Дѣвочка рѣшительно ничѣмъ не обидѣла Гришу — ни словомъ, ни взглядомъ, ни движеніемъ, а между тѣмъ Гришѣ вдругъ стало невесело, и лицо его омрачилось, какъ будто на него пала тѣнь. Что за чудо! Что случилось?

Вокругъ Гриши все то же и все такъ же хорошо и свѣтло, какъ было и до прихода нищей. Солнце такъ же ярко, небо такъ же ясно, теплый легкій вѣтерокъ такъ же пріятно вѣетъ въ лицо... И воробьи

чирикаютъ такъ же задорно и съ шумомъ летаютъ
взадъ и впередъ, какъ бы приглашая Гришу поохо-
титься за ними, — но Гриша и не смотритъ на нихъ...
Гриша былъ вовсе не злой, не жестокій мальчикъ.
Онъ просто слишкомъ расшалился, захотѣлъ пошу-
тить съ нищей, но шутка вышла худая.

Гриша бѣгомъ бросился въ кухню, самъ отрѣзалъ
толстый ломоть хлѣба и выбѣжалъ за ворота. Онъ
взглянулъ направо, взглянулъ налѣво, — дѣвочки нѣтъ,
не видать, и слѣдъ простылъ. Онъ пустился по до-
рогѣ въ поле. По обѣимъ сторонамъ дороги поднима-
лась золотистая рожь. Въ полѣ было тихо, — только
жаворонокъ пѣлъ въ голубыхъ небесахъ... Гриша бѣ-
житъ и заглядываетъ туда и сюда... Но дѣвочки нѣтъ,
не видать. Гриша, наконецъ, задохся и остановился...
Ушла! Не догнать!.. Гриша, усталый, возвратился
на дворъ и, держа въ рукѣ ломоть хлѣба, присло-
нился къ приворотному столбу.

Ему стало очень, очень грустно... Онъ все посма-
тривалъ въ поле, все думалъ: не покажется ли вдали
дѣвочка. Но ея нѣтъ!.. «Какая она маленькая, ху-
денькая... — раздумывалъ Гриша. — Она просила у
меня куска хлѣба. Она, можетъ-быть, голодная»...
Глаза его затуманились, но щекамъ потекли слезы,
и сквозь слезы, какъ сквозь сѣрую дымку, мерещилась
ему желтая, колосистая рожь и надъ нею голубое
небо.

Подайте ему эту дѣвочку! Подайте ему эту ни-
щенку!.. Онъ дастъ ей хлѣба, принесетъ ей булокъ,
подаритъ ей всѣ свои серебряныя деньги, отдастъ ей
всѣ свои игрушки, отдастъ ей все, все — даже ружье

и барабанъ!.. Но дѣвочки нѣтъ! Гриша плачетъ, мнетъ въ рукахъ хлѣбъ, и его горячія слезы кропятъ ломоть ржаного хлѣба. И отчего она не бросила камень? Зачѣмъ ничего не сказала ему? Теперь ему, кажется, было бы гораздо легче, если бы дѣвочка швырнула въ него камнемъ или выбранила его какъ-нибудь... Но она только сквозь слезы посмотрѣла на него и на камешекъ и ушла молча... Отчего она *такъ* посмотрѣла на него?..

Когда Гриша вспомнилъ ея молящій, жалобный взглядъ, ему стало такъ стыдно за свою глупую шутку, стало такъ тяжело, такъ мучительно больно, что онъ не выдержалъ и, ухватившись рукой за приворотный столбъ, горько зарыдалъ. «Ужъ я подкараулю ее! — сказалъ себѣ Гриша. — Не пропущу мимо... Я подамъ ей милостыню; я ей всего-всего надаю... Я поцѣлую ее!..» И весь день Гриша бѣгалъ за ворота и смотрѣлъ въ поле, на пыльную дорогу. Нѣтъ дѣвочки, — не видать!.. Ни одинъ нищій не прошелъ мимо воротъ.

Наконецъ мама крикнула ему изъ окна:

— Гриша, домой пора! Уже сыро... Роса!

Гриша пошелъ, сѣлъ на крыльцо и все-таки не сводилъ глазъ съ дороги, сѣрой лентой извивавшейся мимо воротъ и пропадавшей въ неизвѣстной дали. Солнце давно закатилось. Серебристый серпъ молодого мѣсяца высоко стоялъ въ синемъ ночномъ небѣ. Соловей защелкалъ въ потемнѣвшихъ кустахъ; цвѣты въ саду и на поляхъ запахли сильнѣе. Дремота стала одолѣвать Гришу; глаза его смыкались... Нужно было отправляться спать.

Пошли дни за днями.

Иногда, случалось, проходили мимо воротъ ни-
щіе — старики, старухи, бабы съ малыми ребятами,
но *той* дѣвочки Гриша уже больше не видалъ.

И не разъ румянымъ лѣтнимъ вечеромъ, стоя за
воротами, Гриша живо представлялъ себѣ маленькую
нищую, мысленно видѣлъ, какъ она довѣрчиво про-
тягивала ему ручонку и какъ потомъ жалобно по-
смотрѣла на него и пошла отъ воротъ. Дѣвочка ис-
чезла безслѣдно, унеся съ собой *его* сѣрый каме-
шекъ, — пропала, точно ея никогда и не бывало на
свѣтѣ. Вѣроятно, эта дѣвочка была изъ какой-ни-
будь дальней деревни...

Теперь Гришѣ было очень жаль эту невзрачную,
оборванную дѣвочку, — и Гришѣ хотѣлось бы хоть
еще разъ увидать эту нищенку и вымолить у нея
прощеніе за свою злую обидную шутку...

Послѣ того Гриша никогда не подавалъ нищему
камень вмѣсто хлѣба.

РАЗБИТА ЧАШКА.

(Разсказъ изъ лѣсной жизни).

I.

Въ ясное іюльское утро Григорій Гурьяновъ, линяговскій лѣсникъ, собрался въ объѣздъ по своему участку. Онъ крѣпко затянулъ на себѣ широкій ремень, перекинулъ за плечо ружье и надѣлъ свою походную сумку такимъ образомъ, что ремень отъ сумки и ружейная перевязь перекрещивались у него на груди. Онъ надвинулъ на лобъ круглую форменную шапку съ жестяною бляхой и, закрутивъ на руку нагайку, вскочилъ на своего Сѣраго.

— Къ вечеру возвращусь! — крикнулъ онъ своей Харитинѣ, поправляясь въ сѣдлѣ и забирая въ лѣвую руку поводья.

— А ты, батя, обѣщалъ взять меня съ собою!— сказалъ Тимоша, держась за его стремя.

— Ну, ладно, ладно! Ужо, въ другой разъ…— промолвилъ лѣсникъ, съ добродушной улыбкой посмотрѣвъ на бѣлокурую головку своего сынишки.

— А синицу привезешь?—приставалъ мальчуганъ.

— Гдѣ жъ я возьму для тебя синицу! Теперь синицы разлетѣлись!—отвѣтилъ Григорій, заворачивая лошадь отъ крыльца.

— Ну, вотъ ты какой!..—надувъ губы, протянулъ Тимоша, неохотно оставляя стремя.

Григорій мелкою рысью направился по дорогѣ въ лѣсъ и скоро скрылся въ зеленой тѣни развѣсистыхъ деревьевъ.

Григорій Гурьяновъ,—отставной солдатъ, гвардеецъ, высокій, видный, молодецъ собой и прекрасный наѣздникъ,—уже 15 лѣтъ служилъ лѣсникомъ въ казенной Карачановской дачѣ. Дѣло его заключалось въ томъ, чтобы беречь, охранять лѣсъ отъ всякихъ бѣдъ и напастей—отъ вредныхъ насѣкомыхъ, отъ пожара, отъ порубщиковъ. Каждое воскресенье онъ долженъ былъ ѣздить къ лѣсничему верстъ за 25, въ большое село Карачановъ Логъ, и доносить о томъ, все ли благополучно въ его участкѣ. Если на деревьяхъ появилось какое-нибудь зловредное насѣкомое, Гурьяновъ немедленно давалъ знать о немъ лѣсничему; если въ лѣсу случался пожаръ, онъ опять извѣщалъ о томъ лѣсничаго и сельскихъ властей сосѣднихъ деревень, и тѣ отряжали крестьянъ для тушенія пожара.

Главныя же хлопоты у лѣсника были съ порубщиками. Зимою, когда безлиственный лѣсъ, обсыпанный снѣгомъ и увѣшанный серебристымъ инеемъ, стоялъ тихо, неподвижно, какъ заколдованный, стукъ топора издалека былъ явственно слышенъ, и порубщика было легко накрыть. Въ лѣтнюю же пору, когда лѣсъ шумѣлъ при вѣтрѣ, трудно было добраться до порубщика. Заставъ крестьянина за рубкой казеннаго лѣса, Гурьяновъ долженъ былъ отнять у него топоръ, какъ видимую улику преступленія, замѣтить порубленное или уже сваленное дерево и о происшедшемъ донести лѣсничему. Тяжела показалась Гурьянову такая служба, и въ одно изъ воскресеній онъ заявилъ лѣсничему о своемъ намѣреніи оставить службу... Лѣсничій очень цѣнилъ исполнительнаго, расторопнаго лѣсника, представлялъ его къ наградамъ и теперь былъ не мало удивленъ его неожиданнымъ заявленіемъ.

— Что жъ такъ, Гурьяновъ?—спросилъ его лѣсничій. — Почему тебѣ вздумалось уходить?

— Тяжело, ваше благородіе! — смутившись, отвѣтилъ лѣсникъ.

— Какъ такъ—„тяжело“? Отчего же? — переспросилъ лѣсничій.

— Вонъ того мужика изъ Ахматовки оштрафовали... Мужикъ-то вѣдь совсѣмъ разорился... Смотрѣть на нихъ жаль, ваше благородіе!—говорилъ Гурьяновъ, по старой привычкѣ стоя на вытяжку передъ начальникомъ.

— Ну, Гурьяновъ! Не мы съ тобой законы пишемъ, не мы за нихъ и въ отвѣтѣ! — сказалъ лѣсничій.

— Точно такъ, ваше благородіе! — почтительно отозвался Гурьяновъ, — а все-таки...

— Ты уйдешь, на твое мѣсто поступитъ другой...—замѣтилъ лѣсничій.—Можетъ-быть, навяжется

какой-нибудь недобрый человѣкъ, пьяница, взяточ-
никъ, воръ, начнетъ притѣснять... Крестьяне-то
взвоютъ отъ него! Есть вѣдь такіе лѣсники... За
всѣми, братъ, каждый часъ не углядишь...

Сталъ лѣсничій уговаривать Гурьянова не бросать
службу — и уговорилъ.

Служба лѣсника была не только безпокойная, но
и опасная. Изловленный имъ и оштрафованный по-
рубщикъ могъ всегда жестоко отомстить ему, спрятав-
шись въ засаду. Гурьяновъ могъ натолкнуться на цѣ-
лую толпу порубщиковъ, — его могли избить и даже
убить до смерти. Голодные люди отчаянны и злы.

Гурьяновъ за свою многотрудную службу получалъ
небольшое жалованье и даровую квартиру—избу. При
избѣ находился довольно просторный дворъ, обнесенный
сараями и высокимъ плетнемъ, съ крѣпкими тесовыми
воротами. Высокій плетень и крѣпкіе запоры были
нужны для защиты отъ волковъ. Вокругъ избушки,
на всѣ четыре стороны, расходилась глухая, дремучая
лѣсная чаща,—и волки, особенно въ зимнюю голод-
ную пору, съ раннихъ сумерекъ и до солнышка сно-
вали около поселка лѣсника, жалобно завывая порой.
Сѣрые были иногда до того дерзки, что, пробѣгая по
снѣжнымъ сугробамъ около хаты, заглядывали въ
оконца и чуть не тыкались въ нихъ мордой. Въ та-
кихъ критическихъ случаяхъ Медвѣдко,—черная кос-
матая собака лѣсника, — забирался въ сѣнцы и, чув-
ствуя себя въ безопасности, грозно рычалъ и лаялъ
на незваныхъ пришельцевъ.

У Гурьянова, кромѣ лошади, была еще корова,
десятокъ овецъ и нѣсколько куръ.

Поселки лѣсниковъ называются „кордонами“. Тотъ поселокъ, гдѣ жилъ Гурьяновъ съ семьей, назывался „Липняговскимъ кордономъ“.

Въ теченіе 15 лѣтъ Григорій Гурьяновъ и его Харитина такъ сжились съ своею избушкой, такъ привыкли къ своему лѣсному житью-бытью, что имъ уже казалось, что и на свѣтѣ нѣтъ ничего лучше и краше Карачановскаго лѣса и ихъ Липняговскаго кордона.

Они знали въ лѣсу каждую тропинку, каждую поляну, можно сказать, знали каждое дерево. Знали, гдѣ какое растеніе найти, гдѣ какія ягоды растутъ, гдѣ больше водится грибовъ. Въ лѣсу они были какъ дома: при солнцѣ и безъ солнца, днемъ и ночью они всегда могли найти дорогу къ своей хатѣ по такимъ примѣтамъ, которыя для другихъ ровно ничего не значили. По наклону вершинъ, по количеству и по расположенію вѣтвей, по древеснымъ стволамъ, съ одной стороны гладкимъ, а съ другой — подернутымъ мхомъ, они всегда могли безошибочно угадать, гдѣ полуденная сторона, гдѣ сѣверъ, гдѣ солнечный восходъ и гдѣ закатъ.

Харитина рѣдко оставляла кордонъ: лишь иногда въ воскресенье вмѣстѣ съ мужемъ отправлялась она на базаръ въ Карачановъ Логъ для продажи куръ, яицъ, масла, барановъ, шерсти и для закупки различной домашней провизіи.

Тимоша родился и выросъ въ лѣсу, на Липняговскомъ кордонѣ, и такъ же хорошо, какъ отецъ и мать, зналъ ближайшія лѣсныя чащи. Тимоша былъ мальчикъ очень наблюдательный и съ большимъ вниманіемъ относился къ совершавшейся вокругъ него лѣсной жизни.

Въ лѣтнюю пору съ утра до ночи онъ проживалъ въ лѣсу, собиралъ ягоды, грибы, цвѣты; какъ настоящій лѣсной звѣрекъ лазалъ по деревьямъ, заглядывалъ въ птичьи гнѣзда и за нѣкоторыми гнѣздами изо дня въ день слѣдилъ, какъ вылуплялись маленькіе птенчики, какъ они понемногу подрастали; иногда издали подсматривалъ, какъ мать, прилетая съ добычей, совала птенцамъ кормъ въ желтые, широко раскрытые клювы.

Тимоша очень любилъ лѣсъ, и въ лѣсу ему жилось такъ привольно и дышалось такъ легко, что онъ не промѣнялъ бы своей лѣсной глуши ни на какія сказочныя палаты. Жизнь звѣрей и птицъ, жизнь деревьевъ и цвѣтовъ, все живое, все близкое и далекое занимало его, будило его воображеніе и мысль. Тихое и ясное благоухающее лѣтнее утро, съ пѣньемъ и щебетаньемъ птицъ, съ несмолкаемымъ гомономъ насѣкомыхъ, и легкія бѣлыя облака, проплывавшія по небу, и темная туча, застилавшая солнце и въ видѣ чернаго чудовища подымавшаяся надъ лѣсомъ, яркія молніи и громовые раскаты, стозвучнымъ эхомъ раздававшіеся по лѣсу, и буря съ вихремъ, шумно налетавшая на лѣсъ, сокрушавшая и ломавшая деревья и наполнявшая гуломъ и трескомъ лѣсныя чащи, и тихій румяный вечеръ, золотившій въ огнѣ заката зеленыя вершины, и синяя звѣздная ночь, сгущавшая тѣни въ лѣсу,—все говорило Тимошѣ чуднымъ, внятнымъ ему языкомъ. А зимой, когда снѣгъ валилъ густыми хлопьями или поднималась метель, Тимоша, припоминая то страшныя, то трогательныя мамкины сказки, изъ-за воротъ или изъ окна хаты чутко прислушивался и приглядывался къ тому, какъ Вѣтеръ Вѣтеровичъ разгуливалъ по лѣсу и заносилъ его бѣлыми пушистыми сугробами. И думалось тогда Тимошѣ: не увидитъ ли онъ изъ-за снѣга бабу-ягу, ѣдущую въ ступѣ, или мужика, по наущенью злой мачехи, увозящаго въ лѣсъ на погибель свою милую, любимую дочку. Или ему думалось: не увидитъ ли онъ, какъ медвѣдь тащитъ къ себѣ въ берлогу дѣвицу-красавицу…

Тимошѣ уже минуло шесть лѣтъ. Онъ былъ мальчикъ небольшого роста, но плотный, здоровый, съ румяными щеками, съ веселыми смѣющимися ямками на щекахъ, съ большими ласковыми и кроткими голубыми глазами, съ густыми бѣлокурыми волосами, свѣтлыми и блестящими, какъ хорошій чесаный ленъ. Отецъ рѣдко его подстригалъ, и поэтому волосы неровными прядями почти закрывали ему уши и падали на лобъ.

Отецъ по зимнимъ вечерамъ уже начиналъ понемногу учить его грамотѣ. Жена лѣсничаго, очень добрая, привѣтливая женщина, подарила однажды Гурьянову для сына книжку съ картинками, изображавшими звѣрей и птицъ, корабли, плывущіе по бурному морю, горы, дышащія огнемъ, и какіе-то невиданные дворцы и храмы, лѣса и пустыни далекихъ странъ. Эту книжку, какъ драгоцѣнность, лѣсникъ держалъ въ шкапу подъ замкомъ, и для Тимоши было истиннымъ праздникомъ, когда отецъ вынималъ книгу изъ завѣтнаго шкапа и давалъ Тимошѣ смотрѣть картинки и объяснялъ ихъ. Мальчуганъ полюбилъ эту книгу и относился къ ней такъ же бережно, съ такимъ же глубокимъ благоговѣніемъ, какъ и отецъ.

Такъ до сего дня тихо и безмятежно шла жизнь въ хатѣ лѣсника.

II.

Въ лѣтнюю пору Григорій Гурьяновъ почти каждый день объѣзжалъ свой лѣсной участокъ. Такъ и въ то памятное для него утро пустился онъ въ свой обычный путь по знакомой дорожкѣ, вовсе не предчувствуя, что вечеромъ, по возвращеніи домой, онъ найдетъ не все ладно въ своей хатѣ и нѣсколько дней станетъ горевать, не будетъ знать ни днемъ покоя, ни отдыха въ ночной тиши.

Проводивъ мужа, Харитина взялась за свое шитье и сѣла на крыльцѣ подъ навѣсомъ, защищавшимъ ее отъ солнечныхъ лучей.

Вѣтерокъ не подувалъ. Въ тихомъ утреннемъ воздухѣ уже чувствовалось горячее дыханіе наступающаго знойнаго лѣтняго дня. Лѣсъ, со всѣхъ сторонъ зеленою стѣной окружавшій Линняговскій кордонъ, стоялъ, не шелохнувшись, въ своемъ великолѣпномъ лѣтнемъ убранствѣ, цвѣтущій, благоухающій, и словно замеръ въ дремотномъ безмолвіи подъ ясными голубыми небесами. Чириканье птицъ въ сосѣднемъ кустарникѣ порою смолкало, и было явственно слышно, какъ гдѣ-то дятелъ долбилъ дерево. Куры съ тихимъ кудахтаньемъ бродили по двору и рылись въ пескѣ. Медвѣдка лежалъ въ тѣни у воротъ.

Тимоша собирался въ лѣсъ и искалъ ножа: ему нужно было вырѣзать небольшую вербочку. Онъ вскочилъ на лавку и, поднявшись на цыпочки, шарилъ рукою по полкѣ. На полкѣ было темновато. Шаря по ней рукою, Тимоша какъ-то нечаянно толкнулъ локтемъ чайную чашку, стоявшую на краю

полки. Чашка полетѣла на полъ и разбилась вдре-
безги. Харитина услыхала звонъ и трескъ разбив-
шейся посуды и съ тревожнымъ видомъ заглянула въ
хату.

— Тимошка, ты что тутъ... Чего разбилъ?—спро-
сила она и вдругъ, всплеснувъ руками, вскрикнула
отчаяннымъ голосомъ.—Чашку отцовскую? „Золотую
чашку"! Ахъ, ты, пострѣлъ! Ахъ, ты, баловникъ!..
Что ты теперь надѣлалъ? А?

Тимоша обомлѣлъ. Ухватившись рукой за полку
и растерянно смотря внизъ, онъ стоялъ на лавкѣ не-
подвижно, какъ статуя, ни живъ ни мертвъ. Солнеч-
ный лучъ, яркою полоской падая изъ окна, игралъ
на осколкахъ разбитой чашки, и Тимоша, какъ оча-
рованный, не могъ глазъ отвести отъ этихъ оскол-
ковъ, блестѣвшихъ на темномъ щелеватомъ полу.

— Что ужо отецъ-то скажетъ!—въ волненіи го-
ворила Харитина.—Ужъ онъ тебѣ задастъ!.. Какую
чашку-то разбилъ! А! Подумать только...

Та чайная чашка была, дѣйствительно, не простая
чашка. Кумъ, богатый торговецъ изъ Карачанова
Лога, привезъ ее Гурьянову изъ Нижняго въ пода-
рокъ, и эта великолѣпная чашка считалась рѣдкою,
дорогою вещью въ хатѣ лѣсника. Чашка была боль-
шая и очень красиво расписана цвѣтами и золотомъ.
Изъ этой чашки никто не пилъ: она обыкновенно
стояла въ шкапу. Вчера, какъ на грѣхъ, Гурьяновъ
вынулъ чашку изъ шкапа, чтобы показать ее това-
рищу-лѣснику, заѣхавшему къ нему на перепутьѣ.
Вечеромъ, по отъѣздѣ гостя, лѣсникъ второпяхъ по-
ставилъ ее на полку, а утромъ позабылъ о ней.

Тимоша, наконецъ, соскочилъ на полъ и сѣлъ на лавку, печально понуривъ голову. Харитина тою порой, чуть не плача съ досады, подобрала осколки и положила ихъ на столъ. Мальчуганъ опять заглядѣлся на нихъ: эти блестящіе осколки рѣшительно погружали его въ какой-то тяжелый столбнякъ.

— Вотъ пріѣдетъ стецъ... Ужо, погоди... Что онъ съ тобой сдѣлаетъ, постерѣленокъ!—сердито проворчала Харитина, уходя на крыльцо.

Въ грустномъ раздумьѣ остался Тимоша... До сего времени онъ не боялся отца: онъ зналъ, что отецъ любитъ его. Григорій всегда былъ ровенъ съ сыномъ, ласковъ, никогда не билъ его, пальцемъ не тронулъ. Но вѣдь зато Тимоша никогда еще и не совершалъ такого преступленія, какъ сегодня. Шутка ли — расколоть „золотую чашку"! Онъ зналъ, какъ отецъ берегъ эту чашку, какъ онъ дорожилъ ею и сколько разъ при немъ, при Тимошѣ, любовался на нее. Если бы даже и мать ничего не сказала, онъ самъ бы понялъ всю громадность своей вины. А теперь причитанья матери, ея сердитыя рѣчи и угрозы еще болѣе нагнали страха на нѣжную дѣтскую душу Если бы онъ зналъ, что отецъ сдѣлаетъ съ нимъ! Если бы отецъ побилъ его, оттрепалъ за волосы,— бѣды въ томъ большой еще нѣтъ. Но вѣдь мать не говоритъ, *что* ожидаетъ его за разбитую чашку... „Вотъ ужо воротится отецъ!—ворчитъ она.—Что онъ съ тобой сдѣлаетъ!.."

„Господи! Да что же онъ со мной сдѣлаетъ? Что?!" спрашивалъ себя Тимоша и не могъ отвѣтить на этотъ вопросъ. Онъ долго просидѣлъ въ хатѣ, раздумывая о приключившейся съ нимъ бѣдѣ. Не ждано бѣда налетѣла на него, какъ вихрь,—страшная, непоправимая бѣда... Если бы склеить чашку! Но гдѣ жъ ее склеить, когда она разлетѣлась въ мелкія дребезги! Никто уже не склеитъ эту несчастную „золотую чашку“... Смотря на блестящіе осколки, Тимоша, наконецъ, почувствовалъ, что какая-то глухая, ноющая тоска защемила ему сердце. Онъ невольно тяжело вздохнулъ... Ему стало невмочь долѣе оставаться одному въ избѣ, и онъ вышелъ на дворъ. А мать увидала его и опять угрожающимъ сердитымъ тономъ твердитъ свое.

— Погоди, баловникъ! Вотъ ужо воротится отецъ... Погоди-и-и!..

Тимоша побродилъ по двору, подошелъ къ воротамъ и прилегъ къ Медвѣдкѣ. Тотъ, вытянувшись, лежалъ въ тѣни и сладко подремывалъ. Тимоша обнялъ его обѣими ручонками и прижался къ нему, и свѣтлые, льняные Тимошины волосы смѣшались съ черною, лохматою шерстью Медвѣдки. Какъ хорошо начался день!.. Тимоша хотѣлъ пойти въ лѣсъ за вербочкой — и вдругъ... Ахъ, эта „золотая чашка“! И мальчуганъ, припавъ лицомъ къ своему косматому другу, горько заплакалъ. И слезы текли у него по щекамъ, падали ему на руку и на лохматую голову Медвѣдки. Тотъ, какъ бы съ недоумѣніемъ посмотрѣвъ на Тимошу, лѣниво приподнялъ голову, но черезъ мгновеніе снова опустилъ ее на траву и задремалъ... А мальчуганъ тихо плакалъ, склонившись надъ нимъ.

Солнце начало сильно припекать. Птички замолкали въ лѣсу, и еще явственнѣе стало слышно, какъ дитель прилежно долбилъ дерево. Ушла Харитина въ избу и, погодя немного, крикнула изъ сѣней:

— Ступай обѣдать-то, баловникъ!

И „баловникъ“, понуривъ голову, пошелъ въ избу, но обѣдалось ему на тотъ разъ плохо.

— Для чего на полку-то полѣзъ? Чего тамъ понадобилось?—сердито спрашивала его мать.

— Ножа искалъ...—отвѣтилъ ей Тимоша, жуя корку хлѣба.

И опять страшныя слова, опять угрозы:

— Вотъ ужо погоди! Будетъ тебѣ „ножъ“...

Харитинѣ, разумѣется, было очень жаль разбитой чашки, но гнѣвъ ея уже поостылъ и вспыхивалъ лишь тогда, какъ она взглядывала на блестящіе осколки, лежавшіе на столѣ. Она видѣла заплаканные глаза и печальное личико Тимоши, и ей уже, пожалуй, стало жаль парня, но, по своей привычкѣ, она все-таки дѣлала „для острастки“ сердитый видъ и не могла удержаться отъ ворчанья.

Весь остатокъ дня Тимоша провелъ въ уныніи и въ тревогѣ. На мѣстѣ ему не сидѣлось и въ лѣсъ не хотѣлось итти. Посидѣлъ онъ на крыльцѣ, строгая свою липовую палку, потолкался по двору, заглянулъ въ избу, но при видѣ осколковъ „золотой чашки“ опять поскорѣе убрался на дворъ; много разъ выходилъ за ворота и прислушивался, не ѣдетъ ли батя, не слыхать ли въ лѣсу лошадинаго топота... Къ вечеру страхъ сталъ пуще разбирать Тимошу, чаще прежняго онъ сталъ посматривать на лѣсную дорогу и прислушиваться... Не слыхать лошадинаго топота, но, вѣроятно, отецъ уже скоро возвратится,—и Тимошино сердце усиленно бьется и замираетъ отъ смутнаго страха при воспоминаньѣ о разбитой чашкѣ, при мысли о томъ, что ужо сдѣлаетъ съ нимъ отецъ... Онъ не разъ норовилъ спросить у матери: что же ему будетъ? — но не рѣшался заговорить, видя ея сердито нахмуренныя брови и крѣпко сжатыя губы.

Вотъ и солнце уже низко спустилось, зашло за темные лѣса, — и въ то время, какъ вершины деревьевъ горѣли въ огнѣ заката, подъ кустами тамъ и сямъ ложились синеватыя, полупрозрачныя вечернія тѣни.

„Теперь ужъ скоро!..“ думалъ Тимоша, стоя за воротами и тоскливо посматривая на узкую лѣсную дорогу. Онъ такъ подолгу, такъ напряженно прислушивался, что ему уже раза два въ тишинѣ наступавшаго вечера слышался лошадиный топотъ и голосъ отцовскій; однажды даже послышался ему въ лѣсу звонъ колоколовъ, хотя колокольному звону было неоткуда донестись до него. Тимоша стоялъ за воротами безъ шапки, вертя въ рукахъ свою тоненькую липовую палку, и не зналъ, что же ему дѣлать и какъ быть... Мать сердится на него, ворчитъ, отцомъ грозитъ... Въ избѣ на столѣ осколки „золотой чашки“ лежатъ...

И вдругъ словно вдохновеніе осѣнило Тимошу. „Убѣгу, убѣгу, пока не поздно... Убѣгу скорѣе!“ промелькнуло у него въ головѣ, и онъ пошелъ, но оглянулся на свою хату. „Куда же бѣжать? Въ лѣсъ... Куда же больше!“ Бѣжитъ ли онъ совсѣмъ изъ роднаго дома или на время, въ томъ Тимоша не давалъ себѣ отчета. Только одно было у него на умѣ: укрыться, спрятаться поскорѣе отъ угрожавшей ему

бѣды. И, уже не оглядываясь на родную хату, маль-
чуганъ торопливо пошелъ въ лѣсъ и побрелъ по лѣсу
не путемъ, не дорогой, а прямо въ ту сторону, гдѣ
было еще свѣтло, гдѣ закатывалось солнце и откуда
изъ-за листвы, словно брызжа золотомъ, проникали
въ зеленую лѣсную глушь послѣдніе солнечные лучи.
И шелъ, шелъ Тимоша, не оглядываясь назадъ, не
озираясь по сторонамъ, продираясь черезъ кусты,
перелѣзая черезъ стволы поваленныхъ бурей деревьевъ,
черезъ гнилыя, мшистыя колоды, черезъ кочки и
старые пни. Скорѣе! Дальше, дальше отъ роднаго
дома!

Вскорѣ послѣ того, какъ Тимоша подъ вліяніемъ
внезапной рѣшимости углубился въ лѣсную чащу,
Григорій Гурьяновъ возвратился домой. Сѣли ужи-
нать. Лѣтомъ въ хорошую погоду они обыкновенно
ужинали на дворѣ передъ крыльцомъ, и Медвѣдка
въ это время всегда сидѣлъ тутъ же, передъ столомъ,
въ выжидательной позѣ и пристально, упорно смо-
трѣлъ на хозяевъ. Тимоша давалъ ему кусочки хлѣба,
и лѣсникъ, глядя на нихъ, иногда весело пригова-
ривалъ:

— Вотъ вся семья вмѣстѣ,—и сердце на мѣстѣ.
Сегодня лѣсникъ не сказалъ своей прибаутки.

— А Тимоха?—спросилъ онъ, берясь за ложку.

— Тимошка твой наварзалъ[1]) сегодня... теперь,
видно, и прячется!—отвѣтила Харитина.—Чашку
разбилъ.

— Какую чашку?—торопливо переспросилъ лѣс-
никъ.—„Золотую"? Кумовъ-то подарокъ!..

_____
[1]) „Наварзать"—значитъ что-нибудь испортить. Мѣстное выраженіе.

— Да!—промолвила жена.

— Вотъ такъ такъ! Вотъ тебѣ и чашечка...—недовольнымъ тономъ протянулъ Григорій.—Не успѣлъ и попить изъ нея... Сберегли!.. Ну и баловникъ же! А, чтобъ его... Да какъ его угораздило?

— Полѣзъ на полку, да какъ-то и смахнулъ...—хмурясь, проговорила Харитина.—Ужъ я же и принугнула его... Вотъ ужо, говорю, отецъ-то пріѣдетъ.

— Тебя принугнуть-то бы надо!—замѣтилъ Григорій.—Нѣтъ смекалки, чашку-то въ шканъ убрать...

Поужинали и стали собираться спать.

— Да гдѣ жъ Тимоха-то?—спрашивалъ лѣсникъ.

— А прахъ его знаетъ!..—съ досадой промолвила Харитина, думая про себя: „Вотъ еще, отвѣчай за него, за пострѣла!"—Забился, поди, въ сарай, либо въ сѣно зарылся... Ужо придетъ, не бойсь!—добавила она.

На томъ и порѣшили и успокоились.

<h3 style="text-align:center">III.</h3>

Солнце закатилось. Темныя тѣни сгущались въ лѣсу. А Тимоша все шелъ да шелъ. Изъ страха погони онъ не рѣшался остановиться и отдохнуть. Медвѣдка не разъ очень далеко прибѣгалъ за нимъ въ лѣсъ. А ну, какъ батя возьметъ теперь Медвѣдку и отправится верхомъ на поиски! Медвѣдка сослѣдитъ его непремѣнно...

На небѣ начали проступать звѣзды, а въ лѣсу становилось все темнѣе и темнѣе. Яркая заря, краснымъ пламенемъ долго сквозившая изъ-за деревьевъ, наконецъ, погасла. Звѣзды ярче заблистали въ си-

немъ небѣ; ночная мгла окутывала лѣсныя чащи. Тимошѣ стали мерещиться виотьмахъ всякія страшилища; онъ часто вздрагивалъ. Мальчуганъ еще никогда не бывалъ одинъ въ лѣсу такъ поздно ночью.

Все пугало его и приводило въ трепетъ. И бѣлый стволъ березы, смутно, какъ призракъ, выступавшій изъ-за темныхъ лохматыхъ елей, и черный обгорѣлый пень, и пни съ громадными вывороченными изъ земли корнями, таращивніеся въ полумракѣ, какъ какія-нибудь сказочныя чудовища,—все смущало теперь его живое дѣтское воображеніе. Иногда ему было страшно итти впередъ: порой ему чудилось, что за нимъ какъ будто кто-то крадется и такъ близко-близко... Въ такія минуты его всего, съ ногъ до головы, словно варомъ обдавало, и мурашки непріятно, мучительно пробѣгали по спинѣ. А останавливаться было еще хуже... Деревья стоятъ тихо, даже на проклятой осинѣ листъ не дрожитъ, узорчатый папоротникъ и высокій богульникъ съ бѣлыми цвѣтами, такими пахучими ночью, не шевельнутся. А между тѣмъ въ лѣсу вокругъ Тимоши не было полнаго безмолвія...

Какіе-то неясные, неуловимые шорохи неслись со всѣхъ сторонъ, словно деревья на своемъ языкѣ, непонятномъ людямъ, шептались между собою. Тимошу то вдругъ тепломъ обдавало, словно кто-то невидимый дышалъ на него, то ему казалось, какъ будто кто-то проносится надъ лѣсными чащами въ звѣздной вышинѣ... Почему же вершины деревьевъ вдругъ начинаютъ вздрагивать и шелестѣть листьями, какъ будто подъ чьею-то легкою стопою?.. И страшно, жутко становилось Тимошѣ, когда онъ иной разъ невольно начиналъ прислушиваться къ скрадывающе- муся шороху, таинственно, неуловимо расходившему- муся вокругъ него—не то тамъ, въ темной глубинѣ лѣсной чащи, не то гдѣ-то по-надъ лѣсомъ. И Ти- моша чувствовалъ, что теперь лѣсъ живетъ своею ночною жизнью, совсѣмъ иною, чѣмъ днемъ.

Наконецъ Тимоша совсѣмъ выбился изъ силъ и въ изнеможеніи прислонился къ какому-то толстому, развѣсистому дереву. Было уже поздно. Тѣ звѣзды, что мерцали изъ-за вершинъ деревьевъ, теперь уже стояли высоко въ небѣ. Въ воздухѣ, напоенномъ ароматомъ лѣсныхъ цвѣтовъ и травъ, порою проно- силось свѣжее дыханіе ночного вѣтерка... Тимошу стало сильно клонить ко сну: голубые глазенки его слипались, волосы лѣзли ему на лобъ, и онъ уже не отводилъ ихъ отъ лица. Спать!.. Дома онъ теперь ужъ давно бы спалъ... Ноги подкашивались подъ нимъ, голова отяжелѣла. Но, какъ онъ ни былъ из- мученъ страхами и усталостью, все же могъ еще со- образить, что на землѣ спать ему нельзя: можетъ наскочить на него голодный волкъ или какой-нибудь другой лѣсной звѣрь, можетъ змѣя ужалить. Нужно забраться на дерево.

Тимоша шаритъ руками по неровному стволу, ища какого-нибудь сучка, и, собравъ послѣднія силы, карабкается на дерево, перебираясь съ вѣтви на вѣтвь, все выше и выше... Довольно! Теперь можно сѣсть бокомъ вотъ на эту толстую вѣтвь и прижаться къ дереву... Вотъ такъ! Теперь ни звѣрь не съѣстъ, ни змѣя не подкрадется къ нему... Тимоша дремлетъ, а мысль его летитъ къ родной хатѣ: что-то теперь дѣлаютъ батя съ мамкой? Хватились его, ищутъ или, можетъ-быть, уже спятъ? Спятъ куры на своей насѣсти, спитъ Медвѣдка на крылыцѣ, спитъ въ своемъ хлѣвѣ Буренка, Сѣрый фыркаетъ спросонокъ... Всё на своемъ мѣстѣ, только Тимоша, какъ звѣренышъ, забился на дерево въ глухомъ лѣсу. И представляется ему родная хата, та лавка, гдѣ онъ обыкновенно спалъ... Онъ чувствуетъ, что голова его начинаетъ слегка кружиться, какъ всегда бываетъ въ тѣ мгновенья, когда засыпаетъ человѣкъ... Но вдругъ Тимоша вздрагиваетъ... Летучая мышь неслышно, какъ тѣнь, налетѣла на него, чуть не коснувшись его лица своими легкими крылами, и въ то же мгновенье пропала, потонувъ во мракѣ. Тимошѣ опять стало жутко впотьмахъ; онъ безпокойно заворочался на своей вѣтви и крѣпче прижался къ дереву. Немного погодя, дикій жалобный крикъ, подобный стону, пронесся въ ночномъ безмолвіи: то въ лѣсной чащѣ прокричалъ филинъ... Потомъ, уже въ просонкахъ Тимоша слышалъ, какъ неподалеку отъ него какая-то ночная птица громко защелкала клювомъ.

Тимоша не могъ заснуть, какъ слѣдуетъ, и всю ночь провелъ въ тяжеломъ полузабытьѣ. Разъ онъ едва не упалъ съ дерева: ему почудилось, что онъ—дома, лежитъ на лавкѣ,—и онъ захотѣлъ потянуться, порасправить ноги. Еще ладно, что онъ скоро опомнился и не выпустилъ вѣтви изъ рукъ... Уже передъ утромъ, когда сѣрыя предразсвѣтныя сумерки смѣняли ночную тьму, Тимоша въ полудремотѣ, съ усиліемъ полураскрывъ глаза, видѣлъ, что какой-то звѣрь, не то лисица, не то волчонокъ, прошмыгнувъ подъ деревомъ, остановился на минуту, какъ бы къ чему-то прислушиваясь, и скрылся въ чащѣ. Это былъ тотъ часъ, когда дрема съ особенною силою овладѣваетъ человѣкомъ. Тимошѣ страшно хотѣлось спать. до того, что даже появленіе звѣря подъ деревомъ уже не смутило его.

Когда совсѣмъ разсвѣло, золотисто-розовая полоса засвѣтилась на востокѣ, зачирикали и перекликались птички, Тимоша рѣшился спуститься съ дерева,—и тутъ же у кочки, поросшей высокимъ красивымъ папоротникомъ, мальчуганъ прилегъ и моментально заснулъ какъ убитый.

Долго и крѣпко спалъ Тимоша, проснулся поздно, когда солнце стояло уже такъ высоко, что лучи его сначала совсѣмъ было ослѣпили заспанные Тимошины глаза. Раскрывъ, наконецъ, глаза, Тимоша увидалъ, что на рукавѣ его холщевой рубахи спокойно сидѣла черная бархатистая бабочка и яркій солнечный лучъ игралъ на ней. Тимоша невольно заглядѣлся на нее: эта красивая черная бабочка такъ рѣзко отдѣлялась своими темными бархатистыми крылышками отъ бѣлаго рукава его рубахи.

Тимоша, не сгоняя бабочку, осмотрѣлся кругомъ. Теперь, при веселомъ дневномъ свѣтѣ, опять хорошо было въ лѣсу. И Тимоша опять узналъ тотъ лѣсъ, который онъ такъ любилъ въ лѣтнюю пору, и позабылъ онъ въ тѣ минуты всѣ темные страхи, пережитые имъ въ предшествующую ночь, позабылъ на мгновенье и о своемъ печальномъ настоящемъ и неизвѣстномъ будущемъ.

Зеленая даль, казалось, вся была пронизана золотомъ солнечныхъ лучей. Птички пѣли, трещали насѣкомыя. Тимоша посмотрѣлъ вверхъ. Толстое развѣсистое дерево, пріютившее его на ночь, былъ старый, почтенный вязъ. Вонъ и та вѣтвь, гдѣ онъ ночью томился въ полудремотѣ. А теперь онъ подкрѣпился сномъ, пріободрился и съ черною бабочкой на рукавѣ продолжалъ лежать и нѣжиться подъ тѣнью гостепріимнаго вяза. Наконецъ ему захотѣлось пить, надо было поискать поблизости воды.

Тимоша пошевелился, бабочка неторопливо вспорхнула и полетѣла, трепеща крылышками. Тимоша пошелъ слѣдомъ за ней. Черная бабочка летѣла все впередъ и впередъ въ голубую сіяющую даль, мальчуганъ шелъ за ней, и бабочка скоро привела его къ ручью. Тутъ Тимоша въ изумленіи остановился. На берегу ручья, въ тѣни плакучихъ ивъ, онъ увидалъ цѣлую тучу такихъ же черныхъ бабочекъ, какъ его знакомая. Иныя изъ нихъ сидѣли на травѣ, другія перелетали съ мѣста на мѣсто, кружась и порхая взадъ и впередъ, то вверхъ, то внизъ. Ручей былъ не глубокъ: песчаное дно его виднѣлось, какъ на ладони; сѣрые камни, подернутые зеленовато-бурымъ мхомъ, торчали изъ воды. Мѣсто было глухое, пустынное. Тимоша вволю напился прозрачной студеной воды, вымылся, выкупался. Бабочки продолжали кружиться въ синемъ воздухѣ, переносясь съ мѣста на мѣсто. Двѣ-три бабочки не отставали отъ Тимоши, пока онъ купался, и каждый разъ, какъ онъ показывался изъ воды, садились ему на плечи, на грудь.

Простившись съ черными бабочками, Тимоша опять тронулся въ путь-дорогу. Куда, — онъ и самъ не зналъ. Идя но лѣсу, Тимоша думалъ: что-то теперь дома? Что батя дѣлаетъ? Что дѣлаетъ мать? Ищутъ ли его? Отъ этихъ думъ и отъ воспоминаній о родной хатѣ взгрустнулось Тимошѣ. „А что, если бы я вернулся домой?“ спросилъ онъ себя. Но нѣтъ! — тамъ на столѣ лежатъ эти ужасные осколки... И Тимоша не знаетъ: что сдѣлаетъ съ нимъ отецъ за разбитую чашку. Онъ помнитъ угрожающіе взгляды матери, ея многозначительное покачиванье головой, въ его ушахъ все еще звучатъ зловѣщія слова: „Ужо, погоди! Вотъ пріѣдетъ отецъ!..“ Нѣтъ, ужъ лучше итти дальше!

Тимоша тою порой незамѣтно измѣнилъ направленіе и опять шелъ въ ту сторону, откуда свѣтило солнце. А солнце въ то время свѣтило съ полудня, и нашъ странникъ, значитъ, съ запада повернулъ на югъ. Тимоша сильно проголодался: вѣдь у него со вчерашняго обѣда маковой росинки не бывало во рту. Онъ наѣлся дидля [1]), а потомъ нашелъ большой малинникъ, весь усыпанный ягодами: знать, деревенскіе ребятишки еще не забирались сюда. Въ лѣсу стало жарко, душно. Нѣсколько разъ Тимоша садился отдыхать и ложился наземь въ тѣни деревьевъ.

Шелъ-шелъ Тимоша, да вдругъ весь встрепенулся и остановился какъ вкопанный. Гдѣ-то неподалеку, за деревьями, раздавались человѣческіе голоса.

---

[1]) Довольно высокое, трубчатое растеніе, сладковатое на вкусъ. Деревенскіе ребятишки ѣдятъ его, а также дѣлаютъ изъ него свистульки.

— Надо бы, братъ, поторапливаться! Гляди-ка, какъ тамъ затуманиваетъ... — послышался хриплый мужской голосъ.

— Ужъ немного осталось... Смечемъ живо! — отозвался другой.

— Хоть бы до дождика домой-то добраться! — слышался женскій голосъ.

— Поспѣемъ, не бойсь!..

Тимоша, затаивъ дыханіе и крадучись, какъ дикій звѣрекъ, подошелъ поближе къ тому мѣсту, откуда доносились голоса, и изъ-за деревьевъ увидалъ поляну, а на полянѣ—двухъ крестьянъ и бабу, убиравшихъ сѣно. Они уже дометывали стогъ. Рыжая косматая лошаденка бродила у опушки лѣса, пощипывая траву. Тимоша, осторожно крадучись, обошелъ полянку и направился далѣе. Послѣ того въ лѣсу онъ уже болѣе не встрѣчалъ людей.

Крестьянинъ угадалъ. Когда время было уже за полдень, вдругъ солнце спряталось за тучи, и въ лѣсу стало быстро темнѣть. Надвигалась гроза. Громъ гремѣлъ вдали, и вершины деревьевъ порою шумѣли и гнулись подъ напоромъ налетавшаго вѣтра. Будетъ дождикъ, можетъ-быть, ливень, даже съ градомъ. Вонъ въ потемнѣвшей вышинѣ проносятся надъ лѣсомъ черные обрывки тучъ. Подъ грохотъ грома зловѣщимъ синеватымъ свѣтомъ молній всныхиваетъ лѣсная чаща.

Надо бы спрятаться, но некуда, а Тимоша уже знаетъ, отъ отца не разъ слыхалъ, что опасно быть въ лѣсу въ непогоду. Подъ налетомъ бури ломаются вѣтви, ломаются деревья, съ корнемъ вырываются изъ земли. Наконецъ можетъ зашибить градомъ, опалить молніей. Хорошо тому въ непогодь, у кого есть кровъ надъ головою.

Вдругъ Тимоша увидалъ невдалекѣ старый развѣсистый дубъ и направился къ нему. На счастье, въ томъ дубѣ оказалось дупло. Мальчуганъ, какъ опытный житель лѣсовъ, прежде чѣмъ залѣзать въ дупло, пошарилъ въ немъ своею липовою палкой: нѣтъ ли тамъ какого-нибудь звѣрька, змѣи, ящерицы или другой гадины. Дупло оказалось незанятымъ. Съежившись, Тимоша кое-какъ протискался черезъ узкое отверстіе въ дупло, слегка оцарапавъ себѣ плечи и спину. Помѣщеніе было темновато, но довольно просторно и удобно для не имущаго другого крова и защиты отъ грозы; въ дупло нанесло земли и много сухого увядшаго листа: лежать было мягко.

Не прошло пяти минутъ послѣ того, какъ Тимоша укрылся въ дупло, и гроза со всею яростью, накипѣвшею за длинный рядъ солнечныхъ знойныхъ дней, разразилась надъ лѣсомъ. Молніи горѣли, не переставая; раскаты грома трескомъ и гуломъ наполняли лѣсную глубину. Лилъ дождь; вѣтеръ ревѣлъ какъ бѣшеный. Деревья шатались и скрипѣли; сухіе сучья и листья тучей летѣли съ деревьевъ. Хаосъ воцарился въ лѣсу...

Прошла гроза, прошумѣла непогода. Вечеръ былъ еще не близко, но мальчикъ рѣшился провести ночь въ дуплѣ. Полюбилось ему это мягкое уютное гнѣздышко. И торопиться ему было некуда. Вчера онъ еще боялся погони, а сегодня погони не ждалъ. Время ему показалось очень долго и очень длиненъ пройденный имъ путь. Сутки ему показались за нѣсколько дней, и онъ думалъ, что уже зашелъ невѣсть куда. Передъ наступленіемъ ночи Тимоша вылѣзъ изъ дупла, натаскалъ къ дубу сухого листа и валежника и, забравшись опять въ дупло, этимъ листомъ и валежникомъ заслонилъ отверстіе. Сухо, хорошо въ дуплѣ; только одно горе: Тимошѣ ѣсть хочется, а ѣсть нечего взять. Съ какимъ удовольствіемъ онъ съѣлъ бы теперь одинъ изъ такихъ кусочковъ хлѣба, какіе онъ бросалъ, бывало, Медвѣдкѣ! Въ желудкѣ точно червякъ сосетъ. Но нечего дѣлать! Приходится спать безъ ужина. Свернувшись въ комочекъ и подложивъ руку подъ голову вмѣсто подушки, Тимоша, наконецъ, заснулъ. Ночью онъ часто просыпался: все ему слышался какой-то неясный шорохъ у входа въ дупло.

— Кышъ, кышъ!—говорилъ онъ вполголоса, приподнимаясь на своемъ лиственномъ ложѣ и помахивая рукою.

Поутру, когда Тимоша проснулся и было уже совсѣмъ свѣтло, изъ-за сухихъ листьевъ, прикрывавшихъ входъ въ дупло, высунулась темная острая мордочка, и бойкіе живые глазки заглянули на Тимошу. То былъ ежъ, звѣрь вовсе не опасный. Мальчуганъ сразу узналъ его.

— Ежинька, ежинька!—ласково заговорилъ онъ, протягивая руку къ пришельцу.

Но тотъ быстро вооружился, ощетинивъ свои иглы и спрятавъ морду и лапочки, а затѣмъ бочкомъ, бочкомъ проворно выбрался изъ дупла.

И опять Тимоша побрелъ по лѣсу, невѣдомо куда. Но теперь онъ сталъ чувствовать сильную усталость во всемъ тѣлѣ, чувствовалъ себя разбитымъ, и ноги его шагали черезъ кочки и пни уже не такъ бойко и прытко, какъ въ первый день странствованія по лѣсу. Часто его томила жажда: ручьи не попадались на каждомъ шагу. Онъ былъ голоденъ: отъ такой пищи, какъ сладкій дидель да разныя ягоды, у него только безъ-толку бурчало въ желудкѣ. Одиночество угнетало его все тяжеле и тяжеле. Все чаще и чаще онъ сталъ вспоминать объ отцѣ, о матери, о родномъ домѣ! Жаль ему стало батю и маму. Бѣгство изъ родной хаты ему казалось теперь уже вовсе не въ томъ свѣтѣ, въ какомъ представлялось ему въ тотъ несчастный вечеръ, когда мать стращала его. Теперь ужъ онъ не боялся погони: напротивъ, онъ былъ бы очень радъ, если бы батя или какой-нибудь лѣсникъ теперь нагналъ его и вывелъ изъ лѣсу къ людямъ. Зачѣмъ онъ не присталъ тогда къ крестьянамъ, убиравшимъ сѣно на полянѣ? Они вывели бы его куда-нибудь въ деревню, а тамъ уже онъ нашелъ бы дорогу къ родному дому.

Тимоша уныло брелъ по лѣсу и чаще прежняго ложился отдыхать. Ночь онъ опять провелъ на деревѣ въ томительномъ полузабытьѣ и часто бредилъ, звалъ то батю, то мать, то кликалъ Медвѣдку.

И опять забрезжило утро, опять наступилъ день.

Опять Тимоша брелъ по лѣсу и съ горечью думалъ: „Напрасно я убѣжалъ!“ Конечно, напрасно... Вѣдь не убилъ же бы его отецъ! Отецъ его любитъ. „Воротиться домой?“ Ужъ и прежде ему мелькала эта мысль. „Да, полно, смогу ли я теперь найти дорогу къ родной хатѣ? Гдѣ она, наша хата? Въ какой она сторонѣ?..“ Но лишь теперь въ первый разъ совершенно отчетливо и ясно встала передъ нимъ эта мысль и поразила его ужасомъ. Нѣтъ, не найти ему дороги къ дому... Теперь, если бы онъ и захотѣлъ, ему уже не выбраться изъ лѣса на вольный свѣтъ, къ людямъ.

„Что я надѣлалъ! Что я надѣлалъ!" съ отчаяні-емъ говорилъ себѣ мальчуганъ, озираясь на лѣсныя чащи, обступавшія его стѣною со всѣхъ сторонъ. Онъ какъ будто теперь только въ первый разъ увидалъ передъ собою эти дремучія чащи и понялъ весь ужасъ своего положенія. Куда онъ зашелъ?.. Онъ заблудился, онъ умретъ съ голода, или звѣрь набѣжитъ на него и загрызетъ, или змѣя ночью, во время его сна, под-ползетъ и ужалитъ его насмерть. Куда ни оглянись, вездѣ лѣсъ, отовсюду гибель грозитъ. Лѣсная сила такъ и претъ, надвигается на него со всѣхъ сторонъ. Лѣсъ дѣлался все гуще, дремучѣе, непролазнѣе; тем-нѣе становились лѣсныя чащи; даже пѣвчихъ птицъ стало не слыхать. Лѣсная дичь, лѣсная глушь обсту-пала его, дорогу ему заслоняла.

Страхъ, голодъ, усталость, сожалѣніе о покинутой родной хатѣ, объ отцѣ, о матери донимали бѣднаго Тимошу. Онъ плакалъ, плакалъ горько и еле брелъ, продираясь черезъ лѣсныя трущобы и робко озираясь по сторонамъ. И не разъ въ чащахъ слышался его жалобный, дрожащій дѣтскій голосокъ: „Ау-ау-у!" Но никто не откликался... Только вѣтеръ шумѣлъ по лѣсу.

Тимоша смутно помнитъ, что онъ, наконецъ, вы-брался на какую-то полянку, но тутъ запнулся за что-то, должно-быть, за корень дерева,—и упалъ...

хотѣлъ встать и... не могъ: голова закружилась, въ ушахъ—шумъ и звонъ. Земля и небо и шумѣвшія отъ вѣтра деревья,—все вокругъ него ходуномъ заходило... Въ глазахъ потемнѣло,—и Божій міръ исчезъ для него...

IV.

Смятенье и тревога въ хатѣ лѣсника...

На другой день по исчезновеніи Тимоши лѣсникъ съ женою обошелъ и объѣздилъ всѣ окрестныя лѣсныя чащи, исколесилъ почти весь свой участокъ. Брали съ собою и Медвѣдку, но тотъ только вспугивалъ птицъ и безъ-толку лаялъ, бѣгая взадъ и впередъ. Тимоши и слѣдъ простылъ: не помогло и Медвѣдкино чутье.

— Чѣмъ ты застращала его этакъ?—спрашивалъ Григорій Гурьяновъ жену.

— Да ничѣмъ,—отзывалась Харитина.—Говорила только: „Вотъ ужо отецъ пріѣдетъ... Погоди,—говорю,—что онъ ужо съ тобой сдѣлаетъ!..“

— Э-эхъ, ты!..—хмурясь говорилъ Григорій.—Изъ-за чашки... Экое дѣло, подумаешь! Запугала парнишку зря... Вотъ теперь... Э-эхъ!

И лѣсникъ скорбно качалъ головою, какъ бы желая сказать: „Вотъ теперь ищи-ка его!..“

— Вѣдь пальцемъ не тронула его, сердечнаго...—причитывающимъ тономъ говорила Харитина.—И что такое съ нимъ подѣялось, не придумаю... И ума не приложу, какъ такое статься могло... Господи, помилуй! Да если бы я знала да вѣдала... Да провались она, эта чашка! Пропади она пропадомъ, окаянная... Жили и безъ нея!.. И ты тоже разахался надъ ней... Невидаль, подумаешь!

И, по словамъ Харитины, выходило такъ, что во всемъ, будто бы, виноватъ самъ Григорій, виноватъ тѣмъ, что очень расхваливалъ и берегъ эту чашку, „ахалъ“ надъ нею. Лѣсникъ только хмурился и не возражалъ женѣ: что ужъ тутъ говорить, языкомъ колотить понапрасну... Думалось ему, что Харитина виновата—оттого, что чашку въ шкапъ не поставила. И горько было Григорію, что изъ-за такой дряни, изъ-за чашки, пропалъ у него Тимоша, свѣтъ и радость его лѣсной хатки.

Гурьяновъ очень любилъ своего сынишку, но, какъ многіе отцы, не умѣлъ выказывать любви нѣжностью и ласками, такъ же точно, какъ теперь, въ минуты жгучаго горя, онъ не могъ ни стонать ни хныкать и вообще не могъ, по его словамъ, „выносить своего горя на люди“. Онъ умѣлъ горевать только про себя, въ душѣ, но его людьми невидимое горе было тяжко и глубоко.

На слѣдующій день Гурьяновъ позвалъ къ себѣ на помощь товарищей-лѣсниковъ и нѣсколькихъ крестьянъ изъ сосѣдней деревни Онурьина. Много мѣстъ они исходили и изъѣздили по лѣсу.—Тимошу не нашли... Можетъ-быть, Гурьяновъ проѣзжалъ близко— въ нѣсколькихъ саженяхъ отъ бѣглеца, но изъ-за деревьевъ не видалъ его, а тотъ не видалъ отца. Григорій, усталый, измученный, убитый горемъ, возвратился домой. Наканунѣ онъ еще надѣялся, а теперь уже послѣдняя надежда исчезала...

Харитина причитала и горько-горько плакала, глазъ не осушая... Лѣсникъ не плакалъ. Мрачный, унылый, сидѣлъ онъ за столомъ, опустивъ голову на руки.

«Опустѣла хата безъ Тимохи!—съ тяжкой душевною болью думалъ онъ.—Застращать этакъ парнишку... И изъ-за чего... Ахъ, дуреха! Малаго рада была на глиняную чашку промѣнять... А теперь сама реветъ...»

Умри Тимоша отъ какой-нибудь болѣзни, утони, сгори на пожарѣ, — тяжко, прискорбно было бы для Григорья, но все же не было бы такъ горько, какъ теперь... Теперь онъ какъ будто самъ, своими руками, загубилъ свое родное, милое дѣтище...

Смятенье и тревога въ хатѣ лѣсника стали смѣняться уже мрачнымъ, безнадежнымъ отчаяніемъ. Итти было некуда, негдѣ искать... Теперь ужъ ясно: Тимоша убѣжалъ въ лѣсъ и заблудился... Но и на третій день лѣсникъ не могъ усидѣть спокойно дома, не могъ совершить обычный объѣздъ по своему участку и опять съ Медвѣдкой пошелъ бродить по лѣсу.

Въ тотъ же день съ кошаевскимъ пастухомъ приключилась очень странная, загадочная исторія.

Старикъ насъ свое стадо на лѣсной полянѣ въ пяти верстахъ отъ деревни Кошаева и верстахъ въ шестнадцати отъ Липняговскаго кордона, гдѣ жилъ Григорій Гурьяновъ. Старикъ сидѣлъ въ тѣни деревьевъ и плелъ лапти. Отложивъ работу въ сторону, онъ досталъ свою коротенькую трубку-носогрѣйку, насыпалъ въ нее мелко перекрошенной махорки и только что хотѣлъ было закурить, какъ вдругъ замѣтилъ, что коровы одна за другою потянулись къ одному мѣсту— на противоположный конецъ поляны. Коровы столпились какъ будто вокругъ чего-то, безпокойно тѣснились одна къ другой, наклоняли головы и фыркали, словно что-то обнюхивая, иныя принялись жалобно, протяжно мычать. „Что за притча!" подумалъ пастухъ, но не хотѣлось ему оставлять свой тѣнистый уголокъ и танциться по солнопеку.

— Ну, чего вы тамъ уставились!.. Эй, вы! Вотъ я васъ!..— крикнулъ старикъ и, взявъ свой длинный веревочный бичъ, съ трескомъ рванулъ имъ по воздуху.

Коровы не расходились и замычали еще жалобнѣе...

— Тфу ты, пропасть! Да что онѣ всполошились!..— проворчалъ пастухъ и, отложивъ въ сторону незакуренную трубку, нехотя побрелъ черезъ поляну.— Знать, какую-нибудь мертвечину оглядѣли...

— Подхожу я,— разсказывалъ онъ вечеромъ своимъ кошаевцамъ,— и вижу, братцы вы мои, лежитъ въ травѣ мальчишечка, лежитъ этакъ бочкомъ, одну руку подъ голову подвернулъ... Лежитъ, не шевелится, ровно мертвенькій... Лицо бѣлое,— ни кровинки, губы посинѣли. Руки, ноги всѣ исцарапаны, волосенки всклокочены, ровно путаный ленъ. Рубаха порвана, у штановъ по низу клочья висятъ... И безъ шапки!.. А въ рукѣ липовую палочку зажалъ—крѣпко таково... Смотрю я, братцы, и дивлюсь на него. Откуда парнишка взялся? Вижу, что не нашъ, не кошаевскій... Нашихъ-то лоботрясовъ вѣдь всѣхъ знаю... Дальній, думаю, забѣглый—видно, въ лѣсу заплутался! Наклонился я къ нему, потрогалъ за голову... Голова—теплая. Ну, думаю, ладно! Малецъ-то, значитъ, еще живъ... Только, знать, попритчилось ему что-нибудь въ лѣсу... Отогналъ я коровъ-то, сталъ ему голову водою мочить, растирать руки, ноги. И отощалъ же, миляга!.. И долго я этакъ, братцы, провозился съ нимъ... Наконецъ, очнулся. Увидѣлъ онъ меня и заплакалъ... «Что это,—говорю,—дитятко, съ тобой? Откуда ты взялся? Откуда къ намъ забрался?» А онъ мнѣ: «Дай,—говоритъ,—дѣдушка, поѣсть!» А у самого слезы-то такъ и катятся. Жаль мнѣ его тутъ стало, вотъ какъ жаль!.. «Ну, вотъ,—говорю,—родной, и ладно... въ добрый часъ!.. Поѣшь-ка,—говорю,—лучше,—Христосъ съ тобой!" Далъ ему хлѣбушка (корки-то со мной были!). Поѣлъ, миляга,—пить запросилъ... Только вотъ бѣда: самъ итти не могъ—знать, ужъ больно притомился... Почитай всю дорогу волокъ его на себѣ... Вонъ вѣдь, въ чемъ только, братцы, душа держится!..»

И старикъ указалъ на мальчугана, сидѣвшаго на приступочкѣ у Аксиньиной избы.

Кошаевцы—старъ и малъ—обступили мальчугана и стали спрашивать: кто онъ, откуда и какъ забрался къ нимъ въ лѣсъ. Мальчуганъ отвѣчалъ сбивчиво; онъ—сынъ лѣсника съ Липняговскаго кордона, давно бродитъ онъ по лѣсу, заблудился... Мальчуганъ былъ очень слабъ, часто впадалъ въ дремоту и тихо бредилъ. Кошаевцы оставили его въ покоѣ.

Черезъ день послѣ того одинъ сосѣдній лѣсникъ заѣхалъ къ Гурьянову и сообщилъ слухъ о томъ, что кошаевскій пастухъ нашелъ въ лѣсу какого-то мальчугана.

— Живъ?!—вскрикнула Харитина, поблѣднѣвъ и всплеснувъ руками.

— Сказывали, что былъ живъ, а теперь не знаю...— отвѣтилъ лѣсникъ. — Больного, говорятъ, нашли въ лѣсу... Еле ноги передвигалъ...

Григорій молча поднялся съ лавки и вышелъ изъ хаты. Торопливо осѣдлалъ онъ своего Сѣраго и вихремъ вылетѣлъ за ворота. Онъ въ тѣ минуты, казалось, весь ушелъ въ одну мысль, въ одно горячее, страстное желаніе—найти сына живымъ. Онъ понукалъ Сѣраго... Сѣрому какъ будто сообщились горячность и нетерпѣніе всадника, и онъ, противъ своего обыкновенія, несся по узкой лѣсной дорогѣ во всю скачь, разметавъ по вѣтру свою густую, темно-сѣрую гриву. И Сѣрый несся, несся,—и только придорожныя березы и ели мелькали въ глазахъ лѣсника...

Прохожіе, изрѣдка попадавшіеся навстрѣчу Гурьянову, при видѣ его бѣшеной скачки и сильно возбужденнаго лица сообразили, что «должно-быть, лѣсъ горитъ!»

Всю дорогу темныя опасенія и страхи томили лѣсника. Живъ ли Тимоха? Застанетъ ли онъ его въ живыхъ?.. Ну, Сѣрый! Неси, неси скорѣе! Выноси, голубчикъ!.. Мелькаютъ ели, мчится Сѣрый, топотъ несется по лѣсу...

Черезъ часъ Сѣрый, тяжело дыша и весь въ пѣнѣ, подскакалъ къ кошаевской околицѣ.

— Гдѣ тутъ, говорятъ, мальчика нашли?—спросилъ Гурьяновъ перваго встрѣтившагося ему на улицѣ кошаевскаго крестьянина.

— Нашли, нашли, братъ... Точно!—отвѣтилъ тотъ.—У тетки Аксиньи онъ... Вонъ слѣва крайняя изба! А ты что?..

Но Гурьяновъ, только молча кивнувъ ему головою въ знакъ благодарности, уже мчался далѣе по улицѣ, поднимая пыль. Круто осадивъ коня передъ указанною ему избушкою, лѣсникъ соскочилъ съ сѣдла и, заглянувъ въ полутемныя сѣнцы Аксиньиной хаты, остановился на порогѣ. Тамъ, на земляномъ полу, на какомъ-то разостланномъ трянье, полулежалъ, прислонившись къ бревенчатой стѣнѣ, его Тимоша... Исхудалый, блѣдный, со впалыми глазами. Голубые глаза его отъ худобы казались теперь еще больше, и еще глубже и серьезнѣе казался ихъ взглядъ.

— Батя! — вздрогнувъ, прошепталъ мальчуганъ, увидавъ отца.

— Ну, вотъ... — подходя къ нему, промолвилъ лѣсникъ, украдкой проводя рукою по глазамъ. — Эхъ, ты, Тимоха... Глупышъ ты! Право, глупышъ...

Григорій присѣлъ на землю къ сыну и положилъ ему руку на плечо.

— Чего удумалъ!.. А!.. — ворчалъ онъ, а губы его, между тѣмъ, дрожали, и въ глазахъ свѣтилась радость. — Нешто хорошо по лѣсамъ-то этакъ бѣгать? Что добрые-то люди скажутъ! Ровно, скажутъ, звѣрюга... Глупышъ ты... Вотъ что!..

— Я, батя, чашку... — началъ Тимоша, припадая къ отцу на грудь.

— Чашку, чашку!.. — передразнилъ его отецъ. — Ну, что жъ! Можно чашку новую завести, а то и безъ чашки, Богъ дастъ, проживемъ... Э-эхъ, ты!..

И лѣсникъ своею грубою, загорѣлою рукой погладилъ сынишку по его мягкимъ льнянымъ волосамъ. Къ болѣе нѣжнымъ ласкамъ Гурьяновъ не былъ привыченъ.

Тетки Аксиньи въ ту пору не было дома, старуха копалась у себя въ огородѣ, но вскорѣ воротилась въ избу. Гурьяновъ отъ души сказалъ старухѣ «спасибо» за то, что она пріютила и приголубила его мальчишку. Онъ обѣщалъ еще побывать у нихъ въ Кошаевѣ и повидаться съ пастухомъ.

Желаніе Тимоши исполнилось. Онъ ѣхалъ верхомъ на Сѣромъ, сидя впереди отца; онъ самъ держалъ поводья и правилъ лошадью. Григорій одною рукою придерживалъ его за поясъ. Тимоша мызгалъ, дергалъ поводьями, махалъ рукою на Сѣраго, но Сѣрый усталъ, не обращалъ на него ни малѣйшаго вниманія и, не ускоряя шага, спокойно помахивалъ хвостомъ въ от-вѣтъ на всѣ его понуканья.

Въ ту ночь спокойно спали въ хатѣ лѣсника.

Поутру, какъ водится, Григорій всталъ всѣхъ раньше и поглядѣлъ на сынишку. Тимоша легко и ровно дышалъ во снѣ; румянецъ, какъ прежде, про-ступалъ у него на щекахъ. Здоровье и силы возвра-щались въ молодое тѣло... Тимоша раскидался, и го-лая ножонка его свѣсилась съ лавки... Отецъ поти-хоньку поправилъ его и заботливо, осторожно при-крылъ его своимъ армякомъ, хотя въ избѣ и безъ того было тепло... Вотъ она «золотая-то чашка»! Вотъ кого надо беречь...

Прошло лѣто красное, прошла осень съ ея грязью и ненастьемъ, встала бѣлая зима и пушистымъ снѣ-гомъ запорошила землю.

«Золотая чашка», натворившая столько бѣдъ, ма-ло-по-малу забылась,—и снова спокойно и мирно по-шла жизнь въ хатѣ лѣсника.

Попрежнему по зимнимъ вечерамъ, сидя за пряс-лицей, Харитина стала сказывать сказки Тимошѣ. И въ каждой сказкѣ, какъ водится, рано ли, поздно ли—рѣчь заходитъ о дремучемъ лѣсѣ, о мальчикѣ, брошенномъ братьями въ лѣсу, или о дѣвочкѣ, завезенной на дровняхъ въ лѣсъ отцомъ, по наущенью злой мачехи. Тимоша слушаетъ, затая дыханіе, вспоминаетъ свои странствованія по лѣсу, свои ночевки на деревьяхъ и въ дуплѣ стараго дуба—и въ тѣ минуты крѣпче прижимается къ матери.

А Харитина, съ видомъ настоящей сказочницы, хладнокровно взирающей на правыхъ и виноватыхъ, тихо, невозмутимо ведетъ свой разсказъ.

За окномъ вѣтеръ шумитъ... А въ хатѣ уютно, тепло. На столѣ ночникъ горитъ краснымъ пламенемъ. Тихо жужжитъ веретено, нитка прядется, сказка тянется.

К о н е ц ъ.